AF514772

**Ralf-Peter Nungäßer**

# Ausgedichtet

*Bevor die Kunst verhunzt*

© 2024 by NUNI-NEWS

Alle Texte, Bilder und Musik © 2024 by NUNI-NEWS:
Ralf-Peter Nungäßer (alias Dichterling)

Ralf-Peter Nungäßer
Am Berg 1
D-36391 Sinntal

Alle Rechte vorbehalten.

Verlag: BoD • Books on Demand GmbH, In de Tarpen 42, 22848 Norderstedt
Druck: Libri Plureos GmbH, Friedensallee 273, 22763 Hamburg
ISBN: 978-3-7597-7827-7

MIX
Papier aus verantwortungsvollen Quellen
Paper from responsible sources
FSC® C105338
FSC
www.fsc.org

**Spiel**

Warum spielen wir
wenn wir dabei nicht lachen?

Warum lachen wir
wenn wir's nicht spielend tun?

Warum ist Spielen ach so Ernst
anstatt in Leichtigkeit gelebt?

Für meine mir ehemals anvertraute Ehefrau
Angela

Für unsere Kinder
Anne, Florian, Sophie (Noah), Julian und Rosalie

Für meine Freunde
Simone Gensch, Thomas Vonrhein, Christine Jendrike

**Inhalt**[1]



---

[1] ♬ = mit Medienlink

## Vorwort und Hinweis

Wer dichten kann ist Dichtermann
Wer dichtet schlau ist Dichterfrau
Das Bunte treibt die Dichtkunst an
Und hievt die Welt aus ihrem Grau

In diesem Sinne wer nicht träumt
Hat das Leben schwer versäumt
Kommt die Fantasie zum dichten
Werden daraus auch Geschichten

Lasse ich Gedanken schweifen
Um so viele Dinge kreisen
Puzzle Worte ich zusammen
Die aus meinem Geiste stammen

Doch irgendwann ist damit Schluss
So dass es hiermit enden muss
Die Welt der Dichtkunst ist famos
Doch lass ich diese jetzt mal los

Es sich ausgedichtet", sprach der Dichterling zur Reimeskunst, "sonst wird am Ende alles noch verhunzt". 'Wenn das Wort sich nur noch um sich selbst dreht, nimmt's am besten seinen Hut und geht', denkt er sich und macht sich auf zu neuen Ufern. Hinterlassen will er noch den letzten Rest vom Wörterfest, ein paar Wortfetzen hier, ein paar Klänge dort, anthologische Splitter aus der Welt der Suche nach dem Lebenssinn, Puzzlestücke allenthalben, nichts Ganzes, nichts Halbes, Reste eben. Und deshalb neigt sich jeder noch so schöne Tanz einmal seinem bitter-süßen Ende zu. Ausgedichtet - Also: Go! (Denn damit beginnt der Anfang vom Ende.)

Hinweis zu den Begleitmedien des Buches:

Einige Texte in diesem Büchlein sind mit Musik bzw. mit Videos begleitet. Die betroffenen Texte sind in ihren Überschriften mit einem „♬" gekennzeichnet, so dass die zusätzlichen Medien unter der Internetadresse http://dichterling.com/ausgedichtet-medien/ entweder zum Anhören, Ansehen oder zum Download abgerufen werden können. Sollte der Zugang nicht möglich sein, dann können Sie die Dateien gerne per E-Mail beim Autor anfordern.[2]

Viel Spaß beim Schmökern wünscht Ihnen, liebe Leserin und lieber Leser,

Ralf-Peter Nungäßer

Povoa e Meadas & Sinntal
Sommer 2024

---

[2] Die E-Mail-Adresse ist auf der oben angegebenen Webseite unter Kontakt aufgeführt.

## Go!

♫

Will ein Weg begangen sein
Steht zuvor eine Idee
Lebendig wird er also dann
In einem ersten Schritt

Ach, du Weg des Lebens
Du
Bist mit Spannung voll
Geladen
Wankelst so im Lauf
Dahin
Mit 1000 Fragen im Gepäck

Träge wandelst manchmal du
Und zeigest deine Ziele nicht
Wir suchen und du irrst ins Leere
Weitergehn machst du uns schwere

Dein Gelände führet uns
Steil bergauf
Und rasend auch bergab
Lässt du häufig Menschen uns
Rastlos
Hetzen auf verschlungen
Pfaden

Manch der Wege taumeln gerne
So im Kreis herum
Ein anderer geht gnadenlos
Auf ein Ende zu

In diesem Sinne gibt es Wege
Die schier endlos sind
Und letztlich bleiben einige davon
Verborgen uns auf Lebenszeit

Und dann und wann
Spickst du uns mit Land und Leuten
Mit Plänen voll und auch mit Träumen
Hoffnungsvoll oder beladen
Bis zur Wegesgabelung

In einem Punkt bleibt ungewiss
Ob’s falsch oder gar richtig ist
Auf dem Weg auf dem wir stehn
Wie’s wär wenn wir woanders gehen

Doch Erkenntnis auf dem Wege
Die uns treibet und auch leitet
Wie das Schicksal es bereitet
Unsre Spuren sind was bleibet

In welche Richtung es auch geht
Ganz gleich wo man im Leben steht
Und was man auf dem Weg erlebt
Der Entscheid ist was hier zählt

Wo der Weg auch hin verschlägt
Fürs Umdenken ist’s nie zu spät
Und ist der Weg dann richtig so
Dann ebne ihn zum Start und: Go!

*

## Morningdream
♬

Oh, lieblich süßer Morgenduft
Dein Singsang füllt die Sonnenluft
Und offenbart aus voller Brust
Mir die Verheißung Freudenlust

Eingetaucht in dein Versprechen
Glück heut in mir aufzuwecken
Lasse ich mich gern bestechen
Vollen Mutes aufzubrechen

So wandle ich mit Zuversicht
In deiner Zeit und durch dein Raum
Geführt von deinem nährend Licht
In meinen neuen Tagestraum

## Auferstehen

Wenn du wieder vor mir stehst
Dann dreht sich das Gespür in mir
Und hoffe nur, dass du verstehst
Denn mir liegt noch viel an dir

Und wenn ich deine Augen seh'
Dann bin ich tief darin verstrickt
Ich fühle darin all dein Weh
Und meine Schuld im Missgeschick

Was gäb' ich drum nur Dein zu sein
Würd' unser Leid als Brücke seh'n
Ein Neubeginn, das wäre fein
Dann könnt' auch Liebe aufersteh'n

*

## Starlight

Der Morgenstern am Firmament
Erhellt die Welt, wie man ihn kennt
Er zieht am Tage seine Kreise
Und gibt uns Kraft auf seine Weise

Hat er sein Tageswerk vollbracht
Und uns belebt mit seinem Tänzle
Blickt er abends voller Sänfte
Auf die traumerfüllte Nacht

*

## Auf der Flucht

Wohin soll Frank gehen? Er hatte sich entschlossen, sein Zuhause zu verlassen. Nichts konnte ihn mehr davon abhalten, sich von seiner Frau Mara zu trennen. Zu viel war in den letzten Jahrzehnten passiert, worauf er im Rückblick keinen Einfluss mehr zu haben glaubte. Also ließ er alles liegen und stehen und hat sich dafür entschieden, nach dem gefühlt sechsundneunzigtausendsten Streit, das Haus zu verlassen, die Tür hinter sich zuzuziehen und einfach nur loszulaufen. Irgendwohin. Nirgendwohin. Aber einfach nur weg. Am besten ganz weit weg. Dorthin, wo ihn niemand mehr findet. Also begab sich Frank mit seinem Auto von zuhause auf den Weg zum Weltraumbahnhof, um zum Mond zu fliegen, dachte er sich noch, dass hoffentlich die Rakete fehlerfrei funktioniert. Man hört ja doch so allerlei Fehler, die bei so einem Start passieren können, dachte sich Frank und spürte, wie sein Auto leicht ruckelte, was aber mehr der Straßenbeschaffenheit, denn der Motorfunktion geschuldet war. Nach einer Weile kam Frank am Zielort an und er stand am Eingang des Weltraumbahnhofs. Da stand sie in einigen hundert Metern Entfernung vor ihm, die riesige Rakete, die mehrere Container und Fahrzeuge beherbergte, um den Mond für die Menschheit urban zu machen. Der Pförtner des Weltraumbahnhofes lotste Frank auf den Parkplatz unweit des Pförtnerhäuschens. Dort sei ein Gebäude, an dem ihn jemand abholen würde. Frank fuhr zu dem Parkplatz und sah das Häuschen in unmittelbarer Nähe stehen. Seltsam, dachte Frank, dieses Häuschen habe ich noch nie zuvor gesehen. Haben die das in nur einer Nacht gebaut, fragte sich Frank. Er parkte das Auto, stieg aus und lief etwas ungläubig und irritiert in Richtung des Häuschens. Tatsächlich stand dort ein Mann am Eingang des Häuschens, den Frank auch noch nie zuvor auf diesem Gelände gesehen hatte. Der Mann tippte zur Begrüßung seinen rechten Zeigefinger an seinen Hut und sagte nur knapp zu Frank: „Kommen Sie mit". Sie gingen beide in das Häuschen hinein. Frank war erstaunt, wie geräumig dieses Häuschen von innen war. Von außen sah es so klein aus, etwa so groß wie eine Scheune. Aber von innen, war es mindestens 100-mal größer. Überall standen Equipments herum, die man braucht, um auf dem Mond leben zu können: Rover, Container, Energiekraftwerke, Werkzeuge aller Art, Bagger, zerlegte Kräne, Raumanzüge und vielerlei weitere Versorgungs- und Arbeitsmaterialien. Der Mann ging bis zum Ende der Hall und betrat einen kleinen Raum, in dem eine Leiter stand, die aus der Decke herausragte. Frank begutachtete die Leiter und wohin sie führte. Er blickte nach oben und sah, dass die Sprossen durch ein Loch im Dach hindurchgingen und dahinter das Weltall begann. Frank war erstaunt, hatte er so etwas noch nie gesehen. Wie konnte das sein, dass eine Leiter ins Weltall hinausragen konnte? Er fragte sich ernsthaft, ob er dort etwa hinaufsteigen sollte, um zum Mond zu gelangen. Er schaute den Mann verdutzt an und dieser schaute nur auffordern nach oben. Frank, ist noch immer skeptisch und zögerte einen Moment, bevor er seinen ganzen Mut zusammennahm und vorsichtig die erste Sprosse erklomm. Die Leiter fühlte sich feststehend unter seien Füßen an. Oh ja, sie stand ziemlich fest, was er daran feststellen konnte, dass er kurz an ihr rüttelte und sie sich kein Jota bewegen ließ. Also stieg er langsam die nächsten Sprossen empor und Frank sah, dass das Loch im Dach ihm mit jedem

Schritt immer näherkam und auch nach und nach etwas größer wurde. Als er die letzte Sprosse der Leiter erreichte, blickte Frank sich um und sah in einen kleinen Raum, dessen Mauern wie eins waren mit dem schwarzen Raum des Weltalls und dessen unendlichen Sternenbildern. Es kam Frank vor, als sei der Raum bereits ein Teil des Weltenraums, irgendwie schon das All, aber auf der anderen Seite noch eine Art Separee, noch ein eigenständiges Gebäude. Als Frank den Raum betritt kam er sich vor, als stünde er in einem zerbrechlichen Glashaus. Er hielt sich erschrocken die Hände an den Hals und stellte fest, dass er noch Sauerstoff atmete. Der Raum schien also gegenüber dem Weltall hermetisch abgeriegelt zu sein. Und doch führt die Leiter weiter nach oben über den Raum hinaus in Richtung Mond. Der Mann trat hinter Frank und deutete auf eine schlanke, schimmernde Brücke, an den Raum angedockt ist. "Das ist Ihr Weg zum Mond, Frank", erklärte er. "Die Brücke wird Sie sicher hinüberführen." Frank schluckte schwer und nickte. Ohne ein weiteres Wort betrat er die Brücke. Sie fühlte sich stabil unter seinen Füßen an, obwohl sie scheinbar im Nichts schwebte. Schritt für Schritt bewegte er sich vorwärts, bis er schließlich den Mond erreichte. Dort angekommen, konnte er seinen Augen kaum trauen. Die Oberfläche war still und kalt, und die Erde am Horizont erschien winzig und zerbrechlich. Frank spürte eine Mischung aus Ehrfurcht und Einsamkeit, die ihn überwältigte. Plötzlich hörte er eine Stimme in seinem Helm. "Frank, hören Sie mich?", fragte der Mann aus der Basis. Franks Herz schlug schneller. "Ja, ich höre Sie", antwortete er atemlos. "Sehr gut", sagte der Mann. "Sie sind der Erste, der den Mond als Zufluchtsort besucht. Nun viel Glück bei Ihrer Suche nach sich selbst, Frank. Gute Reise." Und so begann Frank sein Selbstfindungs-Abenteuer auf dem Mond, fernab von allem, was er je gekannt hatte. So, hier bleibe ich, dachte sich Frank, endlich bin ich angekommen, hier habe ich meine absolute Ruhe. Die Stille des Weltraums und die Schönheit des Alls begleiteten ihn auf seiner Reise, während er sein Seelenheil in den Sternen suchte."

*

## Der Wettstreit

Der Kuckuck war ein Esel
Und glaubte weit und breit
Der Esel sei ein Kuckuck
So sangen sie zu zweit

Der Esel machte kuckuck
Der Kuckuck macht iahh
So haben sie verbuckselt
Die Wechsstaben ganz klar

Und wie sie da so singen
Kuckuck kuckuck iahh
Da kam ihnen in Sinnen
Wir sind doch nicht ganz klar

*

## Ohne Mutterliebe

Wenn eine Mutter ihr Kind nicht liebt und dies ihm gegenüber auch noch mehr oder weniger offen zum Ausdruck bringt, dann erzeugt dies in dem Kind – selbst nach Jahrzehnenten noch – eine mentale Atmosphäre, als säße es orientierungslos in einem Boot auf offenem Meer und treibt hilflos dem Wind ausgesetzt ins Nirgendwo und findet keinen Ankerplatz.

Wenn die Mutterliebe fehlt
Ist das was, was immer quält
Denn, einzig was fürs Kinde zählt
Dass ein Vertrauensbund besteht

Ohne Bund und ohne Schutz
Findets Herz kein rechten Halt
Wie soll bei all der Plage es
Ankern und Vertrauen säen

Was soll man andren Menschen geben
Wenn lernte man nur überleben
Es gibt ja nicht mal viel von sich
Wenn die Mutterliebe fehlt

*

## Das Gerichtsurteil

"Wissen Sie, junger Mann, eines will ich Ihnen sagen", sprach der Richter zu Ante, „ich kann Ihre Bemühung um Verbesserung verstehen und schätzen. Ich war auch einmal jung. Es ist eine Tragik, aber auch eine Hoffnung für die Menschen zugleich, dass sie sich immer wieder nach Verbesserung der bestehenden Verhältnisse sehnen. Denn die Menschen haben sie nötig. Wir alle blicken erwartungsvoll in die Zukunft, verlangend in die Gegenwart und schmerzlich in die Vergangenheit. Wir wollen unser Dasein besser, befriedigender und gerechter gestalten, während sich unsere Gewohnheiten und Fähigkeiten nur schwer und nur sehr langsam aus dem Gestrigen lösen. Zu sehr hängen wir am Status Quo. Wir müssen es uns also selbst erkämpfen und sind dabei nicht unfehlbar. Und darum können wir uns ein gerechtes Verhalten nur begrenzt leisten. So streiten wir allesamt zwischen dem was war und dem was ist und wie es einmal werden soll. Wir befinden uns alle auf einer mehr oder weniger pubertären Zwischenstufe der Menschheits- und individuellen Entwicklung, was sich insbesondere in den zwischenmenschlichen Beziehungen ausdrückt. Diese Zwischenstufe, mein junger Freund, das ist der Zirkus, in dem Sie feststecken. Und deshalb lautet mein Urteil an Sie: Bewährung bis zur Vollendung Ihrer Suche! Viel Glück wünsche ich Ihnen auf Ihrem Weg. Die Sitzung ist geschlossen."

*

## Schuldig

Im Laufe meines Lebens wurde ich von einigen Menschen als schuldig verurteilt. Das Ganze fing damit an, dass mich meine Mutter bereits bei der Zeugung verurteilt hat: Ich wurde schuldig gesprochen, weil ich begann zu existieren, obwohl meine Mutter zur damaligen Zeit kein Kind wollte. Also war ich in ihrem Urteil ein „Unfall" mit dem Stempel „Unerwünscht". Zum zweiten wurde ich wegen meines männlichen Geschlechts verurteilt, denn, da ich schon mal da war, sollte ich nach dem Wunsch meiner Mutter ein Mädchen sein. Also lautete ihr Urteil: Schuldig, weil ein Geschlechtsfehler.

Danach wurde ich von meinen Lehrern schuldig gesprochen, weil ich zum einen nicht ihrem Leistungsvorstellungen entsprach und stets in ihren Augen unter dem mittleren Niveau lag. Ihr Urteil: Schuldig, weil zu dumm zum Lernen. Zum zweiten wurde ich zusätzlich von ihnen dafür verurteilt, dass ich ihrem Verhaltenscodex für angepasstes Verhalten nicht entsprochen hatte. Das Urteil: Schuldig wegen Widerspenstigkeit.

Des Weiteren wurde ich im Beruf von meinen sogenannten Vorgesetzten in wiederholter Täterschaft und ohne gesetzliche Grundlage ganz selbstverständlich für schuldig befunden, mehr zu leisten als vertraglich festgelegt und darüber hinaus unbezahlte Mehrarbeit zu leisten. Meine fast lebenslange Verurteilung: Lohnabhängige Fronarbeit.

Im weiteren Verlauf wurde ich von meiner Frau für schuldig erklärt, weil ich in ihren Augen nicht gut genug war und nicht ausreichend für ihre überzogenen Ansprüche gesorgt habe. Schuldig wegen mangelndem Ehrgeiz. Und ein weiteres Mal wurde mir Schuldigkeit von ihr zugesprochen, weil ich infolge der Erhöhung meines Ehrgeizes zu wenig Achtsamkeit ihr gegenüber walten ließ. Schuldig, wegen Vernachlässigung.

Und zuletzt habe ich mich selbst verurteilt, und zwar wegen mangelnder Selbstbehauptung und fehlendem Durchsetzungsvermögen. Aber bei allen Schuldsprüchen von anderen habe ich nach der Bestrafung nun die Rehabilitation angetreten: Widerherstellung meiner Integrität durch Selbstbestimmung. Der finale und nichtrevidierbare Schuldspruch lautet: Ich bin nur mir selbst gegenüber Verantwortung schuldig.

*

## Gefangen

♬

Wenn du arg enttäuscht bist
Wenn du bitter bös behandelt warst
Wenn du dich deshalb verschließt
Und der Glaube längst abhanden ist...

Wenn du tief verletzt bist
Wenn du keinen an dich ranlässt
Wenn du Wunden lecken tust
Und Vertrauen längst gestorben ist...

Wenn du ganz zermürbt bist
Wenn du nix mehr auf die Reihe kriegst
Wenn du völlig lustlos bist
Und die Hoffnung längst verloren hast...

Kannst du nicht die Richtung ändern
Willst du nicht nach vorne sehen
Magst du einfach weiter siechen
Dann hängst in Traurigkeit du fest!

*

## Mourela-Sonho

♬

Ein Maure auf Iberia
Erkundet einst ein schönes Land
Den römisch' Stil, den er dort fand
Bereichert er mit seiner Art

Die Spuren die er hinterließ
Prägten Menschen und Kultur
Bis weit ins Geistige hinein
Ein Orient auf weiter Flur

Mourela heißt das Erdenstück
Das hier im Alentejo liegt
Als Alemann bin ich entzückt
Vom Weltengeist, der um mich fliegt

So leb ich hier in Rast und Ruh
Willkommen und ganz portugues
In meinem brennend Herzenswunsch
Einen alt Mourelatraum

*

## Toleranz

Tolerant sein ist ganz leicht
Wenn im Anspruch sie geeicht
Ruckzuck ist sie rasch gefordert
Schließlich hat man sie geordert

Solang die andren tolerant
Meine Macken mir nachsehn
Finde ich das Wort galant
Dazu kann ich ganz gut stehn

Wehe aber wenn's passiert
Mir deine Nase nicht gefällt
Schreit sie auf die kleine Welt
Und du wirst als blöd markiert

Dann ist es hin mit Toleranz
Und der Kampf tobt voll und ganz
Gegen deine doofen Werte
Mit dem allerschärfsten Schwerte

Jeder Haltung lieget inne
Eine Sicht von Gut und Schlecht
Dies anzunehmen nährt Erkenntnis
Leben und auch leben lassen

*

## Des Lebens Lauf

Am Anfang haben Sie gesagt
Aus dem wird sowieso doch nix
Sie meinten, ich sei eine Null-Nummer
Die nix bringt, nichts, außer Kummer

Dann haben sie dafür gesorgt
Dass aus mir nicht mehr noch werde
Als sie selbst erreichen konnten
Eltern ließen mich ins Leere laufen

Lehrer legten sehr schnell fest
Ohne mich je nah zu kennen
Dem Typ, dem geben wir den Rest
Der taugt doch nichts im Bildungsrennen

Beruf war mein' Berufung nicht
Hier machte man mir sehr schnell klar
Welch Stand mir zugewiesen war
Im Massenmeer bin ich nur Wicht

Ich stocherte im Mittelmaß
Ohne jeden Mut und Spaß
Nach Zielen und nach Lebenssinn
Ich wusste nicht mal wer ich bin

Viel machte ich, weil's halt so läuft
Nicht anecken und auffallen
Am besten wie es alle machen
Im Takte man so kreucht und fleucht

Ich rackerte für andre stets
Im Hamsterrad bis Schwindel kam
Doch niemand sah den wahren Wert
Ich wurd‘ nicht reich, sondern blieb arm

Mein Geiste so im Leerlauf dreht‘
Und ich spürt‘, dass mehr nicht geht
So kam mir alles sinnlos vor
Den Ehrgeiz ich viel mehr verlor

Am Ende zählt‘, was man erreicht
Mein Leben war auf low geeicht
Mir wurd‘ das Glücke nicht gereicht
So bin ich frei und auch ganz leicht.

Der Vorteil lieget auf der Hand
Dass aus mir nix Großes wurd‘
Dann wär‘ Erfolg mein Leidensdruck
Und dieser wöge ziemlich schwer

So bleib‘ ich klein und ungesehen
Es tut auch gar nicht viel geschehen
Mein Anspruch hält sich klar in Grenzen
Ich muss nicht viel, kann sogar schwänzen

Auch kann ich dankbar allen sagen
Gut, dass ihr mich klein gehalten
Ihr habt mir sehr viel Stress erspart
Und lebe so, wie ich es mag

*

## Weggabelungen

Bei all den Lebenserfahrungen, die ich als mittlerweile sechzigjähriger Mensch der Mittelmäßigkeit von Kindesbeinen an bis heute gemacht habe, weiß ich im Grunde gar nicht so recht, womit ich in meiner Erzählung beginnen soll. Das liegt aber nicht allein an der Fülle der Erlebnisse, sondern vor allem daran, dass ich im Laufe meines Lebensweges an so vielen Weggabelungen gestanden hatte und ich mich tatsächlich heute immer wieder Mal dabei ertappe, mich zu fragen, was eigentlich geschehen wäre, wenn ich mich für einen anderen Weg entschieden hätte als den, für den ich mich dann letztlich entschied und gegangen bin. Es scheint müßig zu sein, darüber nachzudenken. Und dennoch stelle ich mir diese Frage immer wieder, weil ich der Illusion nachhänge, wenn ich eine andere Entscheidung getroffen hätte, dann wäre mir vielleicht einiges an Negativerfahrungen erspart geblieben. So zum Beispiel die Entscheidung geheiratet zu haben, denn wenn ich dies nicht getan hätte, dann würde mir eine schmerzhafte Trennung und anschließende Scheidung erspart geblieben. Aber wäre das tatsächlich so gewesen? In der Erinnerung an meine vorherigen Beziehungen mit anderen Frauen stelle ich in der Retrospektive fest, dass sie allesamt gescheitert sind. Hätte ich also meine heutige Ex-Frau – die sich vor vier Jahren von mir nach siebzehn Jahren Ehe getrennt hatte – nicht geheiratet, dann hätte ich womöglich eine Beziehung mit einer anderen Frau gehabt und hätte möglicherweise dieselben Trennungserfahrungen mit dieser Frau gemacht, wie mit den anderen Frauen zuvor. Vielleicht aber auch nicht. Wer weiß das schon. Möglicherweise hätte ich eine Frau getroffen, die tatsächlich zu mir gepasst hätte und mit der ich ausnahmsweise die schmerzlichen Beziehungsdramen nicht hätte erleben müssen. Aber die Wahrscheinlichkeit ist aufgrund meiner Erfahrungen, immer wieder dieselben Beziehungsmuster bis hin zur Trennung zu leben, sehr hoch, dass mir immer wieder dasselbe passiert. Ganz gleich, wie ich mich entschieden hätte, ich würde in derselben Tretmühle stecken wie eh und je, weil ich von Kindesbeinen an die Konfliktmuster meiner Eltern in mein Gehirn geschrieben bekommen habe. Die beiden konnten jahrzehntelang nicht miteinander, aber so konnten auch nicht ohneeinander. Und am Ende, nach vierunddreißig Jahren konfliktreicher Ehe hatte sich meine Mutter von meinem Vater getrennt. Das alles hatte ich leibhaftig erlebt und wurde mir als Beziehungsmuster vorgelebt. Also machte ich das Gelernte unreflektiert nach. Ich hätte mich also entscheiden können so viel ich will, dich hätte die Frauen wechseln können wie meine Kleidung, ich hätte immer wieder dieselben Beziehungsmuster gelebt, wie ich sie gelernt hatte. Und so viel steht deshalb auf jeden Fall fest: All diese unendlich vielen Entscheidungen, die ich getroffen hatte, haben das gefestigt, was ich sowieso schon von Kindesbeinen an mitgebracht hatte. Daher ist es eigentlich egal, welchen Weg ich eingeschlagen hätte, ich nehme ja immer den Stamm meiner Prägungen mit auf den Weg, ganz gleich welchen ich auch immer gehe, ich bin immer mit dabei.

*

## Systemfehler

Seit Jahren, nein seit Jahrzehnten, beobachte ich bei fast allen Institutionen Systemfehler, wenn man unmittelbar mit ihnen zu tun hat und es hat sich seitdem nichts Wesentliches daran geändert. Heute hatte es mich wieder einmal eiskalt erwischt. Während ich bei der einen Bank meine geänderten Bankdaten für das Kreditkonto als auch meine geänderte Wohnadresse per Brief mitteilte und innerhalb von drei Tagen die schriftliche Bestätigung darüber erhielt, gestaltete es sich bei der anderen Bank äußerst kompliziert. Bei dieser zweiten Bank habe ich die Adress- und Bankdaten auf dem Kontaktformular der Webseite unter der Rubrik „Adressenänderung/Änderung der Bankdaten" eingetragen und dachte mir noch, prima, das ging ja einfach. Nach zwei Wochen erhielt ich einen Brief an die alte Adresse, in dem mich die Bank darüber informierte, dass die Daten nicht über das Kontaktformular der Bank änderbar seien, und ich solle dies bitte schriftlich verfassen und postalisch an die Bank zustellen. Gesagt, getan. Also habe ich die geänderten Bank- und Adressdaten per Brief an diese Bank gesendet. Nachdem ich nach vier Wochen nichts von der Bank gehört hatte, griff ich zum Telefon und wollte nachfragen, ob mein Brief bei ihnen angekommen ist. Zunächst fragte mich die Computerstimme nach meinem Anliegen und gab ein paar Vorlagen, unter anderem die Rubrik „Bankdatenänderung". Ich drückte also auf dem Telefon die entsprechende Nummer und bekam von der Computerstimme mitgeteilt, dass die Bankdaten telefonisch nicht zu ändern seien, sondern über die Webseite der Bank. Also klickte ich mich zurück ins

Hauptmenü. Dort wurde ich durch mindestens fünf weitere Menüs geschleust, bis ich endlich den passenden Callcenteragent für allgemeine Angelegenheiten an der Strippe hatte. 25 Minuten durfte ich warten, bis sich endlich jemand meldete. Zwischenzeitlich werde ich mit überlauter Musik und mit der Computerstimme getröstet, dass man sich gleich um mich kümmern werde und wenn ich wolle, dann könne ich mich ja noch über diese und jene Bankangebote auf der Webseite informieren. Ich wartete also. Und plötzlich knackste es in der Leitung, ein Tuten war kurz zu hören und so etwas wie das Abheben des Telefonhörers war zu vernehmen und ich bereitete mich darauf vor, mich vorzustellen und mein Anliegen vorzutragen. Pustekuchen. Ich wurde aus einem unerfindlichen aus der Telefonleitung herauskatapultiert. Tuut, tuut, tuut. Ich schaute das Handy an, als hätte ich es gerade fabrikneu vom Mars geliefert bekommen. Leicht angegessen ließ ich die Nummer nochmal wählen und die Menüprozedur begann von neuem. Als dann ebenfalls nach gefühlten 30 Minuten endlich jemand an der anderen Leitung ansprechbar war, stellt ich mich vor und beschrieb knapp mein Anliegen. Die Dame vom Callcenter fragte mich allerlei Zeug ab wie Finanzierungsnummer, Geburtsdatum, Geburtsort, Höhe der monatlichen Rate und zuletzt die Wohnadresse. Ich teilte ihr also meine alte Wohnadresse mit. Die konnte die Dame vom Callcenter aber nicht bestätigen und teilte mir mit, dass die Adresse nicht stimme. Ah, super, anscheinend haben sie die neue Adresse doch bereits eingetragen, dachte ich mir und gab meine neue Adresse durch. Aber diese Adresse konnte die Callcenteragent auch nicht bestätigen. Also fragte ich sie danach, welche Adresse bei ihr im System hinterlegt ist. Das dürfe sie mir am Telefon nicht sagen. Also überlegte ich kurz und teilte ihr mit, dass ich nun mal nur diese eine Adresse habe, in der ich seit Kreditbeginn wohnte. Das sei aber nicht die Adresse, die in ihrem System stehe und mit den von mir genannten Adressen wäre es nicht möglich, mich zu identifizieren. Da fiel mir ein, dass ich bei dem Kreditantrag die vorherige Wohnadresse angeben musste und gab diese der Callcenteragent durch. Bingo. Die Uraltadresse ist also bei dieser Bank als aktuelle Adresse hinterlegt. Ich fragte die Dame, wieso sie die Uraltadresse und nicht die aktuelle Adresse im System stehen habe. Das wisse sie nicht, war die knappe Antwort, aber sie könne diese Adresse nun ändern. Ich hörte sie auf der Tastatur herumklappern und unterbrach sie, um endlich zu dem Thema zu kommen, weshalb ich eigentlich anrufe, nämlich meine Wohnadresse und meine Bankdaten zu ändern und abzufragen, ob der hierfür verantwortliche Brief bei der Bank angekommen sei. Ich erklärte ihr also, dass ich einen Brief zur Bank mit den Datenänderungen vor vier Wochen mit der Post losgeschickt hatte und fragte sie, ob dieser Brief mittlerweile angekommen ist und stellte meine Vermutung darüber an, dass der Brief wahrscheinlich nicht bei der Bank angekommen ist, denn sonst wäre ja die Adresse im System entsprechend angepasst. Die Dame bestätigte mir, dass sie im System keinen Brief von mir finden könne, sie frage aber noch einmal an anderer Stelle nach und ich solle doch bitte kurz in der Leitung warten. Nun, sie klickte mich weg, und ließ mich warten. Nach einigen Minuten kam sie zurück ans Telefon und teilte mir mit, dass kein Brief von mir angekommen sei. Na, prima, entgegnete ich und fragte sie, ob wir die Daten nicht gleich hier am Telefon ändern könnten.

Sie bestätigte das und ich freute mich, dass das ganze doch scheinbar noch mal recht unkompliziert vonstattengehen würde. Die Callcenteragent klapperte auf der Tastatur herum und murmelte etwas von, dass sie im System nicht in die Änderungsmaske hineinkäme. Nach einigen Minuten des Probierens gab sie frustriert auf und teilte mir mit, dass sie den Vorgang nicht weiterbearbeiten könne, weil sie nicht in das entsprechende System hineinkäme und mich an eine Kollegin weiterleiten würde. Es knackste und tutete in der Leitung und ich hoffte, dass das Ganze nun endlich zum Abschluss kommen würde, denn schließlich geht es ja auch nur um zwei Datenänderungen, die unter normalen Umständen innerhalb von einer Minute vonstattengeht, wenn der menschliche Wille da wäre, zum Beispiel mit einem Stift und einem Zettel die Dinge notieren und später eintragen, wenn das System wieder geht. Doch anscheinend geht das nicht mehr so einfach, wie ich mir das in meiner altmodischen Vorstellung vom Abhandeln der Dinge ausmale. Und zack, wurde ich wieder aus der Leitung geworfen, so dass ich die Servicenummer (welch ein hohes Wort!) noch einmal wählen musste. Da ging mir durch den Kopf, dass, wenn ich nun eine andere Callcenteragent an der Strippe habe, dann muss ich ihr den ganzen Vorgang ja noch einmal erläutern. Das ist schon echt lästig. Doch diesmal kam ich nach nur fünf Minuten dran und siehe da, es war tatsächlich eine andere Callcenteragent am Apparat. Ich erläuterte ihr die Sachlage und siehe erneut da, für sie war das ganze gar kein Problem, denn sie gab es gerade wieder an mich zurück und teilte mir mit, dass ich unter einer bestimmten Service-E-Mail sowohl die Wohnadresse als auch die Bankdaten direkt und selbstständig ändern lassen könne. Das

Gespräch dauerte ca. drei Minuten und meine E-Mail an die von der Dame durchgegebene Bank-Service-E-Mail-Adresse zur Änderung meiner Wohnadresse und Bankdaten dauerte ebenso ca. zwei Minuten Formulierungszeit. Als ich damit fertig war, fühlte ich mich glücklich, endlich das Thema zu den Akten legen zu können und kümmerte mich nicht mehr weiter darum, weil ich ja von der Annahme ausging, dass das nun seinen geregelten Weg gehe. Als dann die Rate zum Monatsbeginn jedoch nicht von meinem neuen Konto eingezogen wurde, wurde ich unruhig und rief wieder einmal nach vierzehn Tagen die Servicenummer an. Die Prozedur der Menüführung und Wartezeit ist bekannt und tatsächlich bekam ich wieder nach ca. 30 Minuten einen Callcenteragent an die Strippe. Ich sollte mich mal wieder identifizieren. Es scheiterte wieder an der Wohnadresse. Also konnte ich mich wieder nicht identifizieren, weil ich zwei falsche Adressen angegeben habe. Auch hier versuchte ich es wieder mit der Uraltadresse und siehe da, da war ich dann plötzlich der, der ich sein sollte. Erstaunlich ist, dass die vorherige Callcenteragent die Adresse eigentlich in meinem telefonischen Beisein angeblich geändert haben wollte. Endlich konnte ich ihm mein Anliegen mitteilen und erläuterte ihm den Sachverhalt mit der Callcenteragent vor vier Wochen und mit der Callcenteragent von vor zwei Wochen, dass ich Briefe geschrieben hatte, die nicht angekommen sind und eine Mail, von der ich vermute, dass diese auch noch nicht bearbeitet wurde, weil sie scheinbar auch nicht angekommen sein könnte. Ich teilte ihm außerdem mit, dass ich eine EU-Auslandsadresse habe, die er doch bitte im System einpflegen soll, damit das endlich so stimmt, wie es tatsächlich ist. Der Callcenteragent teilte mir mit, dass eine ausländische

Adresse nicht so einfach zu ändern sei. Ich solle einen Brief schreiben, in dem ich auch die ausländische Meldebestätigung mit beifügen solle. Jetzt wurde es mir zu bunt und motzte den Mann an, ob er nicht in der Lage wäre zuzuhören, da ich ihm vor ca. einer Minute erklärte habe, dass ich das bereits mit einem Brief vor über 8 Wochen getan hatte aber der Brief nicht angekommen ist und ich ihn gebeten habe, eine andere Lösung für dieses Problem zu finden, da ich ob des Risikos, dass ein weiterer Brief wieder nicht bei der Bank ankommen könnte, nicht bereit bin, einen weiteren Brief zu senden, zumal es in Zeiten der digitalen Kommunikation wohl einfacher wäre, eine einfache Wohnadresse per Mail in ein System einzupflegen, sofern die E-Mail auch bei der Bank angekommen ist. Also fragte ich ihn, ob meine E-Mail von vor zwei Wochen bei der Bank angekommen ist. Der Callcenteragent – sichtlich genervt – klickte sich durch sein System und murmelte etwas davon, dass sich die E-Mail-Suchmaske nicht öffnen ließe, so dass er nicht herausbekommen könne, ob die Mail von mir nun angekommen sei oder nicht. Er vertröstete mich damit, dass ich doch bitte einen Moment warten solle und beschäftigte sich mit dem klemmenden System. Nach ein paar Minuten bestätigte der Callcenteragent endlich den Eingang meiner Mail mit den Angaben über die neue ausländische Adresse und der geänderten Bankdaten. Er teilte mir mit, dass diese E-Mail tatsächlich bearbeitet wurde und ein Brief an meine alte Adresse gesendet wurde, in dem man mir mitteilt, dass eine Änderung der Wohnadresse und der Bankdaten per Mail an die Service-E-Mail-Adresse nicht möglich sei und ich einen Brief mit der Meldebestätigung und dem Bankdatenänderungsformular, welches ich auf der

Webseite erhalten würde, an die Bank zusenden solle. Das ist prima, sagte ich zu dem Callcenteragent, jetzt geht ein Brief an die alte Adresse und läuft ins Leere, obwohl in der E-Mail bereits die neue Adresse steht. Das ist doch der größte Irrsinn, den ich hier gerade mit Ihrer Bank erlebe, pflaumte ich den Callcenteragent an. Und obendrein bekomme ich auch noch von einer Kollegin von Ihnen eine Falschinformation, dass ich die Daten allesamt per Mail an die Service-E-Mail-Adresse ändern könne. Was ich nun tun solle, fragte ich den sichtlich aufgelösten Callcenteragent, jetzt, wo ich bereits dreimal sowohl die geänderte Wohnadresse als auch die Bankdaten an die Bank gesendet habe. Noch einmal werde ich das nicht mehr mitteilen, sagte ich ihm. Er versuchte mich zu beruhigen und sagte, dass ich das Bankdatenänderungsformular noch einmal per Mail zusenden soll und dabei bitte auch die Meldebestätigung beifügen soll und gab mir eine andere Service-E-Mail-Adresse, die den Vorgang bevorzugt bearbeite. Ich solle nach ca. einer Stunde wieder anrufen, um… Tuuut, tuuut, tuuut werde ich aus der Leitung geschmissen. Ich platzte!!! Ich hatte aus Frust entschieden, nicht noch einmal anzurufen und die ganze Prozedur voller Inkompetenz über mich ergießen zu lassen. Also hatte ich in altmodischer Manier ein teures Einschreiben mit Rückschein hingeschickt. Einen Tag nach dem Absenden meines Briefes kam ein Brief von der Bank, in dem ich gebeten wurde, das Formular für das Lastschriftverfahren meines neuen Kontos auszufüllen. Irgendwie läuft doch da was schief, denn in der Zwischenzeit hat wohl irgendjemand aus der Bank den E-Mail-Verkehr gelesen und dieses Formular allerdings an meine alte Adresse versendet (ein Bekannter, der diesen Brief an meinem alten

Wohnort entgegennahm, schickte mir dann das Foto des Briefes), ohne dies irgendwo in den Akten vermerkt zu haben, so dass das ganze Chaos bei korrekter Dokumentation hätte vermieden werden können. Es ist unfassbar, dass es in manchen hochtechnisierten Institutionen nicht mehr auf einfache Weise möglich ist, anhand einer einfachen E-Mail bzw. eines gesicherten Kontaktformulars einer Webseite eine Adresse oder Bankdaten zu ändern. Wozu wurde denn dann diese vereinfachte technische Form eingeführt? Ich kann dazu nur sagen: Systemfehler!

*

## Gate to heaven – gate to hell

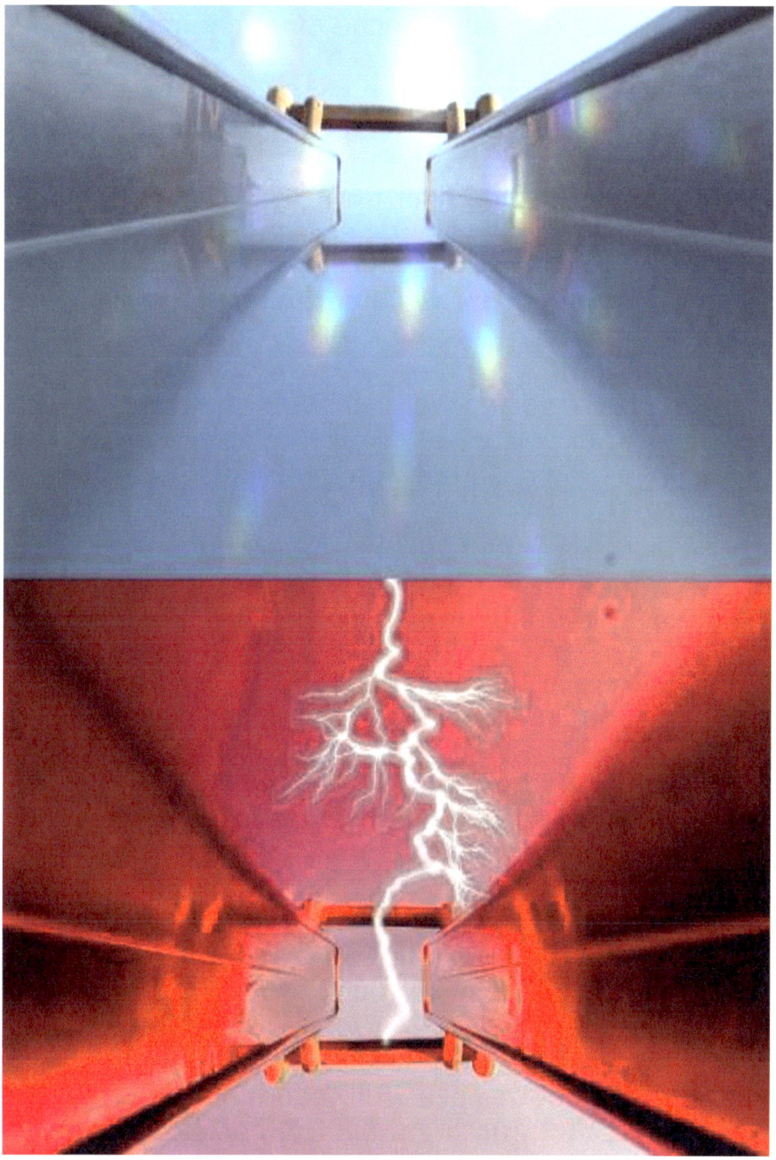

Es kam ein Mönche einst daher
Er sprach:
Wo ist nur, ach, mein Brette hin
Welch die Welt bedeutsam macht

Es ist doch gar nicht weite her
Die Nonne sprach
Fest verankert dicht am Kopfe
Musst nur feste daran klopfe

Der Mönch indes guckt gar verdutzt
Nein, surfen wollt ich wirklich nicht
Auf solch Gedanken fürchterlich
Was mein Gemüt nun gar nichts nutzt

Die Nonne lachte laut und rief
Du Narr, du findest nie ein Korn
Solang dein Brett dich blinde macht
reitest du im Kreis herum

Im Brette vor des Mönchens Kopf
Lebt ein Wurm im Madenspeck
Und kichert sich ins Fäustchen rein
So wird das nix mit freiem Geist

Der Mönch zieht ab total empört
Die Nonne aber sich hoch schwört
Lieber schreib ich groß in Lettern
Als gefangen hinter Brettern

Der Wurm derweil, er ist nicht dumm
Hat das alles mitbekommen
Sprang rasch auf die Nonnenletter
Die für ihn die Welt bedeuten

## Das Tierproblem

Niemals hätte Tom gedacht, dass ihn das einmal ereilen würde. Immer wenn er am Zoo über die Straße geht, überholt ihn ein Nilpferd. Tom weiß nicht, woher es kommt, aber es ist immer zur Stelle, wenn er diese Straße überquert. Manchmal fragt er sich, ob es nicht besser wäre, die Straße zu überfliegen. Also bastelt er sich eine Rucksackrakete und immer, wenn er an dieser einen Straße steht, um sie zu überqueren, zieht er an einer Leine am Rucksack und die Rakete startet, so dass er die Straße überfliegen kann. Das Nilpferd, welches Tom stets beim Überqueren der Straße begleitet, ist zwar nicht mehr da, aber dafür blickt er nun stets bei diesem Vorgang in ein Giraffengesicht. Das Nilpferd überquert dann zwar auch die Straße, das sieht Tom nur nicht, dafür begleitet ihn an dessen Stelle eine Giraffe beim Überflug der Straße und lächelt ihn dabei schelmisch an. Also gut, dachte sich Tom, wenn das so ist, dann baue ich mir eben einen Teleporter, der mich in Nullkommanichts auf die andere Straßenseite bringt, ohne von irgendeinem Tier begleitet zu werden. Denn so schnell wie ein Teleporter ist kein Tier, überlegt sich Tom. Gesagt, getan. Der Teleporter ist gebaut und wird wie eine Armbanduhr getragen. Ein Kopfdruck genügt, und zack, ist man auf der anderen Straßenseite. Und so steht Tom wieder am Straßenrand und drückt den besagten Kopf am Teleporter. Doch alles braucht seine Zeit, und sei ein Vorgang noch so schnell, was Tom daran feststellt, dass ihn in der kurzen Übertragungszeit ein stattlicher Gepard begleitet – man könnte fast meinen, er winkt Tom in dieser Zeitspanne mit einer Tatze und einem verschmitzten

Lächeln zu. Das darf doch nicht wahr sein, schimpft Tom, selbst im Teleporter werde ich von einem Tier begleitet. Nun muss Tom in sich gehen und scharf darüber nachdenken, wie er diese Tiere beim Überqueren von Straßen losbekommt. Also, zunächst einmal muss er herausbekommen, ob nur er diese Tiere beim Überqueren einer Straße sieht, oder ob auch andere Menschen diese Tiere in diesem Moment sehen. Also fragt Tom seinen besten Freund Tim, ob er ihm bei diesem Problem helfen könnte. Natürlich hat Tim zugesagt und begleitet ihn bis zum nächsten Straßenrand. Dieses Mal geht Tom ganz normal über die Straße und siehe da, das Nilpferd lässt wieder grüßen. Auf der anderen Straßenseite angekommen, fragt Tom Tim, ob er auch das Nilpferd gesehen habe. Tim schaut Tom nur kopfschüttelnd an und teilt ihm mit, dass ihn kein Nilpferd begleitet habe, sondern ein Krokodil und ihn, Tim, habe ein Tapir begleitet. Ob Tom das auch gesehen habe, fragt Tim Tom. Doch Tom bestätigt Tim, dass ihn ein Elefant beim Überqueren begleitete. Hm..., beide schauen sich fragend an. Wie kann denn so etwas nur sein. Also probieren sie die ganze Sache gemeinsam mit der Rakete und mit dem Teleporter aus. Bei der Rakete ist Toms Giraffe wieder zugegen und Tim bestätigt Tom allerdings wiederum ein anderes Tier, nämlich ein Affe. Tom teilt Tim mit, dass dieser von einer Hyäne begleitet wurde, wohingegen Tim behauptet, einen Adler an seiner Seite gesehen zu haben. Das gleiche Spiel zeigt sich auch beim Ausprobieren des Teleporters. Tom winkt dem Gepard zu und Tim blickt auf einen Hammerhai an Toms Seite, wohingegen Tim bei sich ein Kakadu wahrgenommen hat und Tom bei Tim ein Gnu. Da stehen Sie nun die beiden und wissen nicht weiter. Das Einzige, was ihnen hierzu noch einfällt ist, eine dritte Person zu konsultieren, die bestätigen könnte, was hier beim Überqueren einer Straße mit Tom und Tim passiert. Also fragen Sie Tam, eine sehr alte Freundin von Tom, die normalerweise Tamara heißt, aber er nennt sie schon von Kindesbeinen an Tam. Tam sagt zu, ihnen bei ihrem Problem zu assistieren und ist schon ganz neugierig auf das seltsame Phänomen. Man muss dazu sagen, dass Tam eine Tierpflegerin im örtlichen Zoo ist und Tom und Tim mitgeteilt hat, dass immer mal wieder für eine sehr kurze Zeit einige Tiere im Zoo wie vom Erdboden verschluckt und verschwunden sind aber plötzlich und unvermittelt wieder auftauchen würden. Also stehen Tom, Tim und Tam am Straßenrand und überqueren die Straße zu Fuß. Toms Nilpferd geht zusammen mit Tims Elefant über die Straße und zu beiden gesellt sich Tams Bison, so gesehen aus Toms Warte. Als sie sich auf der gegenüberliegenden Straßenseite fragen, wer was gesehen habe, antwortet Tim zu Tom, dass er wieder von einem Tapir begleitet war und erneut bei ihm das Krokodil gesehen habe und bei Tam einen schwarzen Panther, wohingegen Tam sagte, dass sie bei Tom eine Boa Constrictor sah, bei Tim eine Riesenschildkröte und bei sich selbst einen Pfau. Und so erging es allen dreien bei der Straßenüberquerung mit der Rakete und mit dem Teleporter. Bei der Raketenüberquerung wird Tom von seiner Giraffe heimgesucht, Tim von der Hyäne und Tam von einem Luchs, wohingegen Tim seiner Erzählung nach von seinem Adler begleitet wird, er Tom dessen Affen bestätigt und bei Tam ein Gnu gesehen hat. Tam allerdings sieht sich selbst neben einen Strauß herlaufen, bei Tim sah sie einen Seerochen und bei Tom ein Zebra. Beim Ausprobieren einer Straßenüberquerung mit dem Teleporter ergibt sich das gleiche Phänomen, dass jeder beim anderen ein anderes Tier sieht, als man bei sich selbst sieht. Alle drei schauen sich verwirrt an und überlegen, was sie nun noch tun können, um das Problem bei der Straßenüberquerung zu erkennen und zu lösen. Nun, gibt Tom zum Besten, wie wäre es, wenn wir eine vierte Person hinzuziehen würden. Dann könnte diese uns drei doch bestätigen was uns widerfährt. Doch Tim und Tam winken ab. Zu kompliziert. Denn auch eine vierte Person wird uns nur bestätigen, dass sie andere Tiere bei uns sehen wird als wir bei uns selbst und das gleiche gilt dann auch bei dieser Person, bei der wir auch wieder andere Tiere sehen werden als sie selbst, sagt Tim. Tam bestätigt dies und macht den Vorschlag, sich mit den Tierpflegern im Zoo abzusprechen. Und zwar könnten wir ihnen per Handy durchgeben, wann wir die Straße in der Nähe des Zoos überqueren, und sie können in den Gehegen der uns erscheinenden Tiere nachsehen, ob in diesem Moment dort jeweils ein Tier für ein kurze Zeit fehlen würde. Das ist eine hervorragende Idee, sagt Tom. Lasst es uns exakt so machen. Dann wissen wir wenigstens, dass es einen Zusammenhang zwischen der Straßenüberquerung mitsamt der Tiererscheinungen und mit dem Verschwinden der Tiere im Zoo geben könnte. Nun gut. Sie konsultieren die Pfleger im Zoo und starten ein weiteres Experiment, um dem seltsamen Phänomen ein Stück mehr auf die Schliche zu kommen. Als sie an der Straße stehen, beginnen sie wie immer mit der einfachen Straßenüberquerung. Sie teilen diesen Moment dem Pflegepersonal im Zoo mit und überqueren die Straße. In diesem Moment sehen die Pfleger anstatt des Nilpferds den Tom im Gehege stehen, wie er im Wasser steht und sich darin suhlt. Gleiches gilt für die Gehege derjenigen

Tiere, die aus der Warte von Tim und Tam Tom begleiten. Im Krokodilgehege ist Tom gerade dabei, einem großen Fisch hinterher zu schwimmen, um ihn zu Fangen und im Schlangengehege der Boa Constrictor kringelt Tom gerade ein großes Fleischstück ein, welches der Pfleger eigentlich der Schlage zuwerfen wollte, aber nun vor Tom landete. Der gleiche Vorgang ereignet sich auch bei Tim und bei Tam. Sie sind praktisch sowohl bei der Straßenüberquerung zu Fuß, bei der Überquerung per Rakete als auch bei der Teleportation jeweils in den Gehegen ihrer eigenen wahrgenommenen Tiere zugange sowie in den Gehegen der von den anderen bei jeder einzelnen Person wahrgenommenen Tiere zu sehen. Alles für einen kurzen Augenblick, bis die Straßenüberquerung vollendet ist. Danach sind alle Tiere wieder an ihrem angestammten Platz aufgetaucht, gerade so, als sei nichts geschehen. Und genau diese beobachteten Vorgänge teilen die Tierpfleger Tom, Tim und Tam nach der Durchführung des Experiments mit. Tja, da stehen sie nun, die drei und wissen keinen Rat, wie das alles geschehen kann und wie man das Problem lösen könnte. Guter Rat ist teuer. Sie machen sich auf den Weg zu Toms Wohnung und beratschlagen, wie sie nun vorgehen können, um eine brauchbare Erklärung zu finden. Sie wälzen Bücher über ungewöhnliche Phänomene, lesen in psychologischen, esoterischen und weiteren Fachzeitschriften anderer Disziplinen nach. Da stößt Tom plötzlich auf einen Artikel, in dem eine Wissenschaftlerin auf dem Gebiet der Parapsychologie an einem Lehrstuhl einer renommierten Universität in den USA danach forscht, mit welchen Methoden es möglich ist, einen kommunikativen Kontakt zwischen Menschen und Tieren herzustellen, in dem sich beide miteinander verständigen können. Heureka! Das ist es, ruft Tom und liest Tim und Tam diesen Artikel vor. Seht ihr, die Professorin hat schon einige Versuche unternommen, Kommunikative Strukturen zwischen Menschen und Tieren zu beobachten, zu analysieren und zu erklären. Eine Untersuchung handelt davon, dass sie Menschen interviewt, die sich im Traum mit Tieren mittels Sprache unterhalten. Wir sollten unbedingt Kontakt zu der Professorin aufnehmen, gibt Tam in die Runde ein. Gute Idee, finden Tom und Tim und schicken der Professorin ihre Geschichte per E-Mail. Nach nicht einmal einer Stunde meldet sich die Professorin und drückt ihre Begeisterung über diese Geschichte aus. Sie schlägt also vor mit dem Flugzeug zu ihnen zu reisen und macht hierzu mit ihnen einen Termin aus, um Tom, Tim und Tam, den Zoo sowie die Tierpfleger kennenzulernen und das Phänomen näher zu durchleuchten. Am nächsten Tag holen die drei die Professorin am Flughafen ab und machen Sie mit dem Zoo und den Pflegern bekannt. Danach gehen sie direkt an das Experiment, an dem die Professorin auch selbst teilnimmt. Gemeinsam überqueren sie die Straße am Zoo, diesmal zu Fuß über eine nahe gelegene Fußgängerbrücke, um interessehalber die Rahmenbedingungen noch einmal zu verändern. Und siehe da, auch die Professorin wird, wie von Tom, Tim und Tam erwartet, von einem Tier begleitet, das nur sie sehen kann, aber sie wird auch von drei weiteren Tieren begleitet, die von den dreien bei der Professorin wahrgenommen werden. Nach der Überquerung teilt die Professorin den dreien mit, dass an ihrer Seite eine majestätische Löwin stolz neben ihr herging und diese sie wie mit klugen Augen angesehen habe, es schien ihr, als ob es so eine Art Verbindung zwischen ihr und der Löwin gegeben hat. Gerne hätte sie mit der Löwin gesprochen, aber leider war die Überquerungszeit zu kurz, so dass die Professorin die Entscheidung trifft, die Übergangszeit zu verlängern. Dazu bietet sich die Brücke geradezu an, denn dort könne sie sich auf halbem Weg auf den Boden setzen und somit die Überquerungszeit selbst steuern, um Kontakt mit ihrer Löwin aufzunehmen. Und so gibt Tom und Tim die Anweisung, gemeinsam mit den Tierpflegern im Löwengehege darauf zu achten, was in dieser Zeit mit ihr passiere. Und sie sollen nach etwa einer Minute versuchen sprachlichen Kontakt zu ihr aufzunehmen. Tam bittet sie, in der Zwischenzeit von einer Straßenseite aus darauf zu achten, dass ihr während der Kontaktaufnahme nichts passiert und gegebenenfalls einschreitet, wenn eine Störung von außen auftreffen sollte, die die Kontaktsitzung unterbrechen könnte. Also beginnt die Professorin das Experiment und begibt sich auf die Brücke. Während sie von ihrer Löwin flankiert wird, setzt sich die Professorin auf der Hälfte des Brückenweges auf den Boden, lehnt sich an das Brückengeländer und Tam wacht über die Szenerie genauso wie Tom und Tim im Zoo das Löwengehege im Auge haben. Die Löwin setzt sich neben die Professorin und schaut sie mit einem ruhigen, aber intensiven Blick an. Die Szene kommt zum Stillstand und es besteht die Gelegenheit, sich in Ruhe zu taxieren und gegebenenfalls miteinander in einen direkten sprachlichen Kontakt zu kommen. Im Gehege geschieht derweil seltsames. Auch dort sehen Tom und Tim sowohl die Löwin als auch die Professorin auf dem Boden sitzen. Beide schauen sich lange in die Augen, ohne sich zu rühren. Nach einer Weile sucht die Professorin aktiv den sprachlichen Kontakt zur Löwin. Aber sie kann nicht wie gewohnt mit dem

Mund sprechen, sondern sie redet mit ihren Gedanken zur Löwin, was einer Art Telepathie gleichkommt. Sowohl Tam auf der Straße als auch Tom, Tim und die Tierpfleger im Zoo nehmen plötzlich Schwingungen zwischen den beiden Körpern der Professorin und der Löwin war. Es ist, wie das Flirren auf einer heißen Straße, anmutig wie die Erscheinung einer Oase innerhalb einer Fata Morgana, die zwischen beiden eine Verbindung herzustellen scheint. Doch der Energiefluss zwischen der Professorin und der Löwin ist so stark, dass die Professorin wie von einem Blitz getroffen in Ohnmacht fällt und zur Seite umkippt. Sofort rennt Tam zur Professorin und setzt sie wieder aufrecht an das Geländer. Tom und Tim hatten dadurch leider nicht die Gelegenheit, mit der Professorin im Gehege in sprachlichen Kontakt zu treten. Auch sie sehen das hohe Energielevel, welches die Professorin zum Umkippen bringt. Als die Professorin auf der Brücke nach einigen abgetretenen Sekunden die Augen aufschlägt, verblasst sie allmählich immer mehr im Gehege und löst sich plötzlich wie in Luft auf. Tom und Tim können nichts mehr tun. Sie bitten nur die Tierpfleger die Löwin auf Herz und Nieren zu untersuchen, ob sie irgendeinen Rückstand oder eine Spur von der Energie finden. Dann rennen sie los, um zu Tam und der Professorin auf der Straße zu gelangen. Als sie die beiden erreichen, sehen sie, wie Tam die Professorin stützend von der Brücke herunterbringt. Natürlich wird Tam wieder aus den perspektiven von Tom und Tim von je einem Tier begleitet. Nur bei der Professorin befindet sich dieses Mal kein Tier an ihrer Seite. Alle vier gehen in Richtung Zoo und setzen sich dort erst einmal zum Ausruhen in den Konferenzraum. Hier tauschen sie ihre Erfahrung aus. Auch die Tierpfleger haben nach einer Weile ihre Untersuchung an der Löwin abgeschlossen. Sie stellten fest, dass die Gehirnrinde eine erhöhte Schwingung aufgewiesen hatte. Mehr nicht. Die Professorin fragt nach, wo genau die erhöhte Schwingung im Gehirn lokalisiert wurde. Eine Tierpflegerin sagte, dass die pulsierende Schwingung im Bereich des Lautgebungszentrum, wo z.B. das Brüllen der Löwin gesteuert wird, etwas erhöht war und diese sich wie Wellen, wenn man einen Stein ins Wasser wirft, ausgebreitet habe. Nach einer Weile ist diese wellenartige Schwingung aber abgeklungen und verschwunden. Die Professorin äußert zu dieser Beschreibung die Vermutung, dass die Löwin im Moment der Kontaktaufnahme etwas zu ihr sagen wollte, der Energieschub aber zu groß für sie gewesen sei, so dass sie von der Energiewelle ohnmächtig wurde. Dies bestätigen auch Tom und Tim, die diese hohe Energiekonzentration im Gehege zwischen der Professorin und der Löwin wahrgenommen, ja, sogar gesehen haben. Und hier wagt die Professorin eine These auszusprechen, die zu verstehen die Menschen noch nicht in der Lage sind. Sie geht davon aus, dass es eine Art metaphysische Verbindung zwischen Menschen und Tieren besteht. Man kennt dieses Phänomen zwischen Menschen und Hunden, bei dem beide die Ausdrücke des anderen deuten und entsprechend darauf reagieren. Das ist wie, wenn ein Mensch traurig ist und ein Hund kommt herbei, um den Menschen zu trösten. Nur, dass es in unserem Fall sogar über die Deutung von Mimik und Gestik hinaus geht. Hierbei handelt es sich meiner Meinung nach um eine Art Seelenverbindung zwischen Menschen und Tieren, die ihren Ursprung aller Wahrscheinlichkeit nach in den Frühzeiten der Menschheit hat und heute nicht mehr existiert, führt die Professorin ausführlich aus. Aber warum betrifft dieses Phänomen alle Menschen, die diese Straße am Zoo überqueren, fragt Tom. Aller Wahrscheinlichkeit nach nehmen es die meisten Menschen gar nicht mehr wahr oder es betrifft sie gar nicht, weil sie keinen Zugangskanal zu Tieren haben, versucht Tam zu erklären, sonst wäre dieses Phänomen schon lange in der Zeitung bekannt geworden. Ja, genau, so ist es. Dieses Phänomen betrifft insbesondere eine Person von euch dreien ganz besonders und sie gibt es an andere Personen in ihrer Nähe mit ähnlichen Affinitäten zu Tieren weiter, gibt die Professorin zu bedenken. Herausbekommen können wir dies nur, wenn wir euch isolieren und eine Straße weit ab vom Zoo überqueren lassen, schlägt sie vor. Am nächsten Tag probieren Tom, Tim und Tam das Experiment an unterschiedlichen Straßen weit ab von Zoo aus. Und siehe da, niemand wird bei einer Straßenüberquerung von einem Tier begleitet. Anschließend begeben sich die drei noch einmal in ein weiteres Experiment, nämlich in Folgendes: Jeder sollte die Zoostraße allein überqueren, ohne Begleitung von einem der beiden Freunde. Aber hier stellt sich das Phänomen so dar wie am Vortag, als alle drei geleichzeitig die Straße überquert hatten. Bei jedem erscheint das jeweilige Tier, wenn sie am Zoo die Straße überqueren und beide Freunde sich im Zoo aufhalten. Jetzt will es die Professorin genau wissen und macht das Überquerungsexperiment ohne Tam. Sie möchte, dass Tam zum Zeitpunkt der Straßenüberquerung von Tom und Tim nicht im Zoo zugegen ist, sondern z.B. zuhause bleibt. Also fährt Tam nachhause und Tom und Tim überqueren die Zoostraße. Siehe da, nichts passiert, bei beiden nicht. Keine Begleitung von Tieren, auch kein Sehen von Tieren beim Freund während der Überquerung.

Danach wird Tam wieder in den Zoo beordert und soll anschließend die Straße am Zoo überqueren, während Tom und Tim nicht in der Nähe sind. Auch hier zeigt sich dieselbe Wirkung: Kein Tier ist weit und breit zu sehen. Nun soll Tim in der Nähe von Tam sein und Tam überquert die Straße: Nichts. Kein Tier. Dann kommt Tom an die Reihe und Tam überquert nochmals die Straße. Und siehe da: Hier erscheint Tam der Pfau. Und so scheint es, dass die Energien zwischen Menschen und Tieren erst dann aufgebaut werden, wenn Tam und Tom sich in unmittelbarer Nähe zueinander befinden. Bei Tim trifft es ebenso zu, wenn sich Tom und Tam in seiner Nähe aufhalten. Doch ist Tam nicht anwesend, können Tom und Tim sich nicht gegenseitig beeinflussen. Nur wenn die Konstellation Tam und Tom aufeinandertreffen, dann ist das Phänomen sichtbar und Tim braucht beide dafür. Hiermit haben sie endlich herausgefunden, wo die Quelle dieser Erscheinungen zu finden ist: nämlich ursprünglich bei Tam. Sie ist die Einzige, die die Gabe hat, sich mit Tieren auf der Seelenebene zu verbinden. Allerdings klappt das auch nur in Verbindung mit Tom, der diese Gabe ebenso rudimentär in sich trägt und nur dann bei ihm aktiviert wird, wenn Tam in der Nähe ist. Die Professorin hat die Gabe ebenso aufgrund ihrer Affinität zur Tierfarm ihrer Eltern, auf der sie als Kind aufgewachsen ist und mit allen den Tieren in und außerhalb vom Hof von klein auf gesprochen hat, so wie es Nils Holgersson auch immer getan hatte. Nun will sie aber von Tom wissen, welche Beziehung er zu Tieren hat. Bei Tam wissen wir es ja schon, weil sie Tierpflegerin im Zoo ist und Tiere sehr liebt. Dies spüren offenbar die Tiere, so dass hier anscheinend eine Tür zur gemeinsamen Seelenberührung zwischen Tam und einem Tier geöffnet werden kann. Tom hingegen ist auf dem ersten Blick nicht klar, wo seine Verbindung zu Tieren liegen könnte, denn er hat weder ein Tier, noch hat er eine besondere Beziehung zu ihnen. Er denkt also ganz intensiv nach. Dann fällt ihm ein, dass er als Kind in der Sozialbausiedlung schon immer mit Tam auf der Feldwiese gespielt hatte und ihre Zuneigung zu allerlei Getier von der Ameise über Käfer aller Art bis zum Hasen und Hund irgendwie bewunderte, weil er selbst das gar nicht so empfunden hatte. Doch spielte er die Spiele von Tam mit und hat so irgendwie verinnerlicht, achtsam mit Tieren umzugehen oder sie zumindest als Lebewesen zu respektieren. Tom kann bis heute noch nicht mal einer Fliege etwas zu leide tun. Wenn sie ihm im Zimmer lästig werden, dann holt er sich einen Becher, fängt sie damit ein und entlässt sie in die Freiheit. Bei Tim ist es so, dass er als bester Freund von Tom von Kindertagen an eine innige Beziehung zu ihm pflegt. Sie sind beide als Kinder und Jugendliche sowie als junge Erwachsene miteinander durch Dick und Dünn gegangen. Die Freundschaft ist praktisch wie eine Schweißnaht zwischen den beiden, die funktioniert, wie das Corpus Callosum des Gehirns, in dem sie sich gegenseitig in allem, was sie tun, ergänzen. Daher rührt auch die hohe Empathie sowohl zu Tom als auch zu Tam. Letztlich hat sich anscheinend die Energie der Tierliebe von Tam in diesem Sinne auf Tom übertragen (und somit indirekt auch auf Tim), so dass sie zusammen eine Energieeinheit in der Lage sind zu bilden, mit der sie den Kontakt zu Tieren auf der Seelenebene aufnehmen können, resümiert die Professorin. Jetzt müsste nur noch herausgefunden werden, wie ein stabiler sprachlicher Kontakt zwischen Tam und einem Tier hergestellt werden kann und weshalb dies bisher nur bei der Überquerung einer Straße insbesondere der Zoostraße so gut funktioniert. Da fällt Tim spontan ein, dass die Überquerung einer Straße als Symbol gedeutet werden kann: Sie soll uns praktisch den Weg als solches aufzeigen, um mit Tieren überhaupt in Kontakt zu treten, sozusagen als Wegweiser hin zur Umsetzung Kontakt aufzunehmen, doziert er. Wenn das von den Menschen, die diese Gabe mitbringen, also von Tam, Tom, Ihnen Frau Professorin und mir, erkannt wird, dass es nicht um die Straße an und für sich geht, sondern um das Einschlagen des Weges, sich mit diesem Phänomen weiter und intensiver zu befassen, dann wird die Kontaktaufnahme letztendlich unabhängig vom Ort vonstattengehen können, und zwar immer dann, wenn wir es gelernt haben, diese Energie zu beherrschen und zu steuern. Das scheint unser Weg zu sein, den wir gehen sollten, schlägt die Professorin vor. Ganz genau, hackt Tam ein, es ist nun an der Zeit, uns mit der seelischen Verbindung zu den Tieren zu beschäftigen, damit wir alle am Ende ein Verständnis für die Tiere aufbauen können, in dem wir das Leben als solches als wertvoll begreifen, es schützen und Tiere weder als Futter noch als Arbeitskraft oder zur Befriedigung unser Schaulust ausbeuten.

*

## Falling tear
♫

When I was born, love was my implented guiding
light on my hopeful way to bloom

When I was young, I thought the world was wide
open and I could love unconditionally

In the name of god, I've given my heart to the only
one I really love until the end of time

I tried hard to keep the flame burning but my love
wasn't enough, it was hurt and replaced

In this way, life is a game without values and love is
the price I've painful payed for

So if I will go to leave the wold, I save her last spark
on the other side of life to blossom

## Ich liebe dich

Ich hab gesucht ein Leben lang
Und dich gefunden irgendwann
Mir war das Glücke ach so hold
Du warst mein Herz aus purem Gold

Doch als du gingest irgendwann
Blieb zurück mein liebend Herz
Es suchte dich stets dann und wann
Und liebt dich noch in seinem Schmerz

Du bist ein Teil von meinem Geist
Der munter in mir weiterlebt
Dich hoch und heilig in mir preist
Und sehnig nach dir weiterstrebt

Du bist mir ewig Ein und Alles
Ich ging sogar mit dir nach Dallas
Stehst du vor mir, freu ich mich
Fühl ich noch: Ich liebe dich!

*

## Indianerpfad

Die Sonne schien durch das Dachfenster des Wohnwagens und spielte mit ihren Strahlen auf Franks geschlossenen Augenlidern. Für einen Moment betätigte sie sich als Filmvorführerin eines Kinos, in dem Frank als Hauptdarsteller eines Traums im Wunschfilm seines Lebens just in diesem Augenblick in eine Situation versetzt wurde, die ihn an eine längst vergangene Zeit anknüpfen ließ. Mara und Frank treffen sich zum ersten Mal nach über zwei Jahren Trennung von einer mittlerweile über 19 Jahren bestehenden Ehe am Rande einer Kleinstadt auf einem großen Sammelparkplatz an einer belebten Straße. Es ist früher Mittag, die Sonne steht hoch und scheint warm vom blauen Firmament herab. Die Kinder rennen auf dem Parkplatz herum und spielen Nachlaufen. Mara und Frank stehen bei ihrem vor fünf Jahren zusammen angeschafften 11-Meter-Adria-Wohnwagen, den Frank auf Maras Geheiß von ihrem gemeinsamen Grundstück in Portugal mitgebracht hat. Frank ist aufgeregt und blickt ungläubig zwischen dem Treiben der Kinder und Mara hin und her, während Mara beginnt, den großen Wohnwagen mit einer Plane abzudecken und die Luftschächte an den Seiten mit Klebeband abzudichten. Mara ist mit ihrem Miller-Wohnmobil angereist. Der Siebenmeterkasten parkt direkt links neben dem Wohnwagen, so dass beide Fahrzeuge zusammen einen über 18 Meter langen Konvoy abgeben. Nachdem Mara fast fertig mit dem Verpacken des Wohnwagens ist, fängt sich Frank und fragt sie, was sie denn mit dem „Adria" vorhabe, ob sie ihn verkaufen möchte. Sie bejaht und spricht, während sie den letzten Klebestreifen anbringt, mit fester Stimme, dass sie auch vorhat, das Wohnmobil zu verkaufen. Frank fragt sichtlich erstaunt nach, warum sie das machen möchte, denn beide Wagen seien doch im Grunde genommen ihr derzeitiges Zuhause. Doch Mara winkt Frank mit einer Handbewegung zu sich herbei, zeigt auf das Wohnmobil und führt ihn zur Tür. Da, schau doch mal hinein, sagt sie zu ihm. Frank stellt sich an die Tür und wirft einen Blick in das Wohnmobil, das er eigentlich bereits kennt, weil sie vor drei Jahren über ein Jahr lang gemeinsam auf einem Campingplatz darin gewohnt hatten. Er sieht, dass der Innenraum des Wohnmobils ziemlich eng wirkt, obwohl er dies damals gar nicht so empfand, und Mara gibt zu bedenken, dass sie seit ein paar Tagen beschlossen hat, in dieser Enge nicht mehr wohnen zu wollen. Frank stutzt und fragt nach, woher der plötzliche Sinneswandel herkommt. Doch Mara geht nicht darauf ein, sie zeigt lediglich auf einen Wohnblock, der auf der gegenüberliegenden Straßenseite steht und deutet an, dass sie beide jetzt dahin gehen sollen. Als sie dort ankommen, führt sie Frank in eine große, geräumige und helle Wohnung. Frank staunt und geht auf das Fenster des grOßen weißen Wohnzimmers, welches zur Straßenseite liegt und beobachtet, wie die Kinder gerade in den Mercedes-Viano einsteigen. Ungläubig schaut Frank Mara an, die direkt neben ihm steht und auch aus dem Fenster schaut. Frank dreht sich um und lehnt sich an die Fensterbank, während er sich im Zimmer mit großen Augen umschaut. Er will etwas sagen, doch Mara dreht sich um und stellt sich dicht vor ihn, andeutend nicht zu sagen. Sie schaut ihn lächelnd an und sagt in einem sanften Ton: „Hier werden wir leben". In Franks Kopf spielen sich plötzlich tausend Bilder auf einmal darüber ab, wie oft sie schon gemeinsam umgezogen sind und sein Bauch beginnt zu ziehen vor innerer Aufregung. „Wir?", fragt Frank verwirrt. Mara blickt Frank eindringlich und mit einem verschmitzten Lächeln um ihre Mundwinkel an. Sie gibt ihm keine Antwort, bleibt sie ihm schuldig und erhöht die Spannung in Frank, die bis ins Unermessliche zu steigen scheint. „Heißt, dass…", stammelt Frank, doch Mara unterbricht seinen Satz mit einem leichten, ihn zum Schweigen bringenden Kuss auf seinen Mund. „Pscht", zischt sie leise und legt ihren Zeigefinger zart auf Franks Lippen. „Ja, das heißt es", sagt sie lachend und dreht sich um, dreht sich mit ausgestreckten Armen im Raum herum und kommt zurück zu Frank. Durch seinen Bauch zieht ein unbeschreibliches Freudengefühl. Er kann es nicht fassen, dass dies wirklich passiert. Ihm fehlen die Worte, vor überschäumenden Glücksgefühlen. Frank zieht Mara zu sich heran, die sich mit ihrem Rücken in Franks Bauch dreht und sich an ihn lehnt. Er umschlingt ihren Körper mit beiden Armen, und drückt sie sanft an sich heran, so dass er ihren zierlichen, zarten und zerbrechlich wirkenden Köper ganz tief in sich spürt. Der Puls schlägt ihm bis zum Hals. Und als er sie ganz fest in seinen Armen festhält, flüstert er: „Endlich!". Mara lächelt zufrieden, legt ihre Arme nach hinten greifend liebevoll um Franks Hals. Als Mara für einen Moment ihre Augen schließt, scheint es, als treiben beide Herzen für einen Augenblick im Meer des Glücks. Nach einer Weile löst sie sich aus der Umarmung und sagt: „Komm, lass uns zu den Kindern gehen". Als sie die Wohnung verlassen und die Straße überqueren, fragt Frank, ob sie den Kindern mitteilen sollen, dass sie nun wieder zusammen sind. Doch Mara schweigt und lächelt nur. Hand in Hand kommen sie am Auto an, in dem die Kinder bereits auf ihren Sitzen sitzend ungeduldig auf uns warten. Frank ruft vor lauter Aufregung: „Kinder, wisst ihr schon das Neuste?“ Doch sie wirken nicht überrascht und lächeln allesamt wissend. Mara unterbricht Frank und sagt lebhaft: „Kommt, wir fahren zu McDonalds“. Überglücklich startet Frank den Wagen und er fährt seit Jahren endlich wieder mit seiner kompletten Familie los, während die Kinder hinten singen und Mara freudig nickend zu ihnen nach hinten schaut. Die Sonne stach mit ihrem gleißenden Licht in Franks Augenlider und er wachte auf. Nein, nein, nein, nicht aufwachen. Ich will zurück, war seine erste Reaktion. Er warf seinen rechten Arm neben sich und tastete das Bett ab. Aber dort war es leer. Enttäuscht darüber, dass es nur ein Traum war, versuchte Frank mehrere Male wieder einzuschlummern, um in den schönen Traum zurückzukehren. Doch er blieb wach und das Unvermeidliche rückte immer mehr in sein Wachbewusstsein: Mara hatte ihn verlassen, und das schon seit zwei Jahren und drei Monaten. Er hält sich schützend seine Hand vor dem durch die Dachluke des Wohnwagens eindringenden Sonnenlicht und dankt sich: wie lange soll das nur so weitergehen? Jeden Morgen wacht er auf und greift neben sich ins Leere. Es schien keinen Grund für ihn zu geben, um aufzustehen, wären da nicht seine beiden bei ihm geblieben Kinder. Und es zog ihm ein stechender Schmerz durch den Bauch, als ihm nach und nach während des Wachwerdens seine Realität wie beim Zusammensetzen eines Puzzles vor seinen Augen als vollständiges Bild erschien. Er dachte an seine anderen drei Kinder, die Mara vor eineinhalb Jahren ohne seine ausdrückliche Erlaubnis, mit ihnen dauerhaft auszuwandern, mit nach Paraguay genommen hatte, die er nicht mehr spontan sehen konnte und sie sehr vermisste. So wie er sein ganzes

Familienleben, wie er es über 18 Jahre lang geführt hatte, ziemlich stark vermisste, was in seiner Seele täglich ein großes, leeres Loch hinterließ. Frank wollte aufstehen, doch kraftlos ließ er sich mit einem großen Seufzer rücklinks wieder in sein Kissen fallen. Er schüttelte im Nachgang ungläubig über den Traum mit dem Kopf und schlummerte dann doch noch einmal weg.

Als Frank wieder aufwachte, fühlte er sich noch ziemlich benommen vom Traum. Er wälzte sich noch ein paarmal im Bett hin und her und versuchte krampfhaft, den Traum irgendwie in die Realität zu holen. Doch das wollte ihm einfach nicht gelingen. Es fühlte sich wie eine gläserne Wand an, die zwischen seinem Traum und seiner Realität stand. Er tastete sich mit seinen Händen an der Glaswand entlang und suchte nach einem Durchlass, um wieder in den wundersamen Traum zurückkehren zu können. Nach einer Weile des verzweifelten Versuchs, wieder in das Traumland zu gelangen, erwachte er nun vollends und erhob sich im Bett. So saß er auf dem Bett, stütze seine Arme nach hinten und streckte sein Gesicht den in die Dachluke des Wohnwagens einfallenden Sonnenstrahlen entgegen. Für einen kurzen Moment genoss Frank deren wärmende Energie auf seiner Haut. Er atmete tief und langsam ein und wieder aus. Seine Gedanken begannen, sich allmählich zu sammeln. So ist das also, dachte er sich, und ihm wurde gewahr, dass dieser Traum ein Sammelsurium seiner Wunschgedanken seit über zwei Jahren darstellte. Seine geliebte Mara war nicht bei ihm, doch wie gerne hätte er sie wieder bei sich, wie gerne. Ihm schoss schmerzhaft in die Gedanken, dass er allein war. Ach, nein, die Kinder sind ja zum Glück noch bei ihm geblieben, zumindest zwei von insgesamt fünf gemeinsamen Kindern mit Mara. Sie schliefen noch tief und fest ihren Schlaf der Unbesorgten, zumindest als Teenies, die noch viel Schlaf brauchen, um ihre Pubertät einigermaßen gut gedeihen zu lassen. Frank schaute auf die Uhr seines Handys. Es ist Sonntag, 9 Uhr 30. Zeit, aufzustehen. Auf dem Handy flackerten E-Mail-Nachrichten von Studierenden der beiden Universitäten, für die er als Honorardozent arbeitete. Doch die müssen jetzt warten, dachte er. Doch leider war keine Nachricht von Mara dabei. Sofort schlich sich Mara wieder in seine Hirnwindungen und befeuerten seine verletzten Gefühle. Durch seinen Bauch zogen sich allerlei sonderbare Empfindungen von Trauerschmerz bis Hoffnungsflattern war alles kunterbunt dabei. Frank seufzte und schaute rechts neben sich auf den Gasofen. Dort lag ein weißes Blatt, nein zwei Blätter. Er drehte sich zur Seite und griff nach ihnen. Er erinnerte sich, dass er am Vorabend mit seiner alten mechanischen Schreibmaschine einen Brief an Mara geschrieben hatte, einer von Unzähligen in den letzten 36 Jahren. Während Fladi und Sahre am gestrigen Abend am Wohnwagentisch saßen und sie sich ihren PC-Spielen widmeten, hat es Frank übermannt und er schrieb los. Nach einer Weile hielt er sich das Blatt vor Augen und las seinen Brief an Mara:

*Meine geliebte Indianerin,*

*die Ansprache mit "Indianerin" hat dieses Mal etwas Reales an sich, weil du ja in einem Land der Indios lebst, da bist du ganz nah am indigenen Geschehen, eigentlich wie es dir immer vorschwebt, als Schamanin unter Deinesgleichen zu sein. Es scheint so, als habe dir das Schicksal deinen Weg gewiesen, den du nun gehst. Konsequent und mit Freude, so irgendwie zuhause bei dir selbst und im richtigen Land angekommen zu sein. Ich wünsche dir, dass du finden wirst, wonach du dein Leben lang gesucht hast und dich glücklich fühlst, bei allem, was du tust. Glaube mir, dies meine ich so, wie ich es schreibe.*

*Natürlich tut mir die Trennung noch immer sehr weh, weil ich der Ansicht bin, du hättest diesen Schritt auch mit mir gemeinsam machen können und wir hätten die Dinge gemeinsam gefunden, wonach du suchtest. Wer weiß, welche Dinge sich mir auf diesem Weg offenbart hätten, die wir gemeinsam hätten entdecken können. Ich finde es nicht in Ordnung, dass du einfach gegangen bist, ohne Abschied zu nehmen und ohne mir die Gelegenheit gegeben zu haben, wenn schon dich zu trennen, mich darauf vorbereiten zu können, oder gar mit mir darüber zu reden, um gemeinsam eine Lösung zu unserem beider und der Kinder Wohl zu finden.*

*Du hinterlässt in mir eine klaffende Wunde, die durch die Art und Weise deines Weggangs durch das Nichtverstehens ständig offenbleibt und nicht verheilen kann. Aber gut, es ist wie es ist und ich muss seit zwei Jahren mit diesem Umstand leben, während du es als Verlassende mit sogleich einem neuen Mann an deiner Seite leichter hattest und das auch noch gegenwärtig hast, als ich, der den hinterlassenen Scherbenhaufen erst verdauen musste und im weiteren Verlauf all unsere Verbindlichkeiten allein zu bewältigen habe. Von deinem Verlassen der Kinder Fladi, Sahre sowie vom Entreißen der Kinder Manu, Pauro und Johva von ihrem Vater durch deine für mich überraschende Reise nach Paraguay mit unbestimmten*

*Daueraufenthalt will ich erst gar nicht sprechen, denn dieses Thema ist moralisch selbstredend, und das weißt du auch. Ich frage mich ernsthaft, wie du das alles verdrängen kannst, als Ehefrau und als Mutter. Es tut mir alles sehr leid, dass es so kommen musste. Aber dir scheint es alles irgendwie nichts auszumachen, mit einem reichen Mann an deiner Seite, der dir neuerdings Luxus und Wohlstand bietet, im Gegensatz zu dem Traum, den wir gemeinsam hatten, uns gemeinsam etwas in Portugal aus eigener Kraft aufzubauen. Aber anscheinend hat es dir nicht gereicht. Das ist äußerst schade, das tut sehr weh, und nun stehe ich mit leeren Händen da und habe in meinem Alter mit 58 Jahren keine Perspektive mehr, weil ich all meine besten Jahre in uns beide gesteckt habe und am Ende alles verlor, insbesondere mein Kronjuwel, dich, die ich noch immer sehr liebe. Die Unerfülltheit meiner Liebe zu dir ist das Schwierigste von allem zu bewältigen. Ach, ich höre dich schon sagen: Liebe dich erst mal selbst, dann kannst du auch andere Lieben. Nein, es liegt nicht daran, dass ich mich nicht selbst liebe, denn das hast du nie wirklich verstanden. Gerade weil ich mich so liebe wie ich bin, war, und bin ich in der Lage, diese Liebe an dich weiterzugeben. Liebe ist Bindungsenergie, die, wenn man sie in sich trägt, freigesetzt wird und dadurch erst Bindung ermöglicht. Aber leider hast du gerne davon gesprochen, dass Liebe Freiheit sei. Wenn sie frei wäre, dann könnte sie sich nicht binden. Das hast du ja dann auch fälschlicherweise mit deiner Trennung von uns leibhaftig bewiesen und gnadenlos in dieser ideologischen Vorstellung von Spiritualität ungesetzt. Sehr schade und zum Leidwesen aller Familienmitglieder. Hier hast du nur leider einen riesigen Denkfehler mit fatalen Folgen begangen. Aus deiner Denkweise heraus kann ich das nachvollziehen, richtig war diese Trennung mit Blick auf das, was Liebe bedeutet, nämlich Zusammenhalt in allen Zeiten, trotzdem nicht, auch wenn du das aus deiner verzerrten Perspektive heraus, ich sei mit allem überfordert gewesen, offensichtlich anders sehen mögest. Ein echter indianischer Pfad, den du hättest einschlagen können, wäre gewesen, vor den Schwierigkeiten nicht Hals über Kopf zu flüchten, sondern sich ihnen gemeinsam mit mir entgegenzustellen, sie anzunehmen und sie zu lösen. Aber das wolltet du nicht, du hast dich eingeengt gefühlt, obwohl du das zu keiner Zeit wirklich warst und hast mir die Schuld an deinen Unzu1aenglicka1ten gegeben, damit du eine Rechtfertigung dafür hattest, dir auch deine Fehler und Anteile am Scheitern nicht ansehen zu müssen.*

*Was soll ich nach zwei Jahren Trennung noch sagen? Du lebst nun in deiner indianischen Welt und lässt den verletzten Wolf verächtlich am Wegesrand verbluten. Das ist also noch übrig vom Schwur der Liebe: Ein zerbrochener Pfeil im Herzen, und kein Medizinmann in der Nähe, der ihn reparieren könnte.*

*Ich schließe diesen Brief in der vagen Hoffnung, dass wir irgendwann dann doch wieder einmal zusammenfinden können.*

*In Liebe mit ewigem Indianerehrenwort,*
*dein Mann, Frank*

*****

# Der Esel

Es stand ein alter Esel rum
Auf seiner Wiese still und stumm
Suchend blickte er sich um
Und fragte sich hernach Warum

Früher war die Weide bunt
Jammerte er ganz geknickt
Vormals lebte er im Schick
Mit seinen Liebsten im Verbund

Zu jener Zeit es sich begab
Dass alles durcheinander trabt
Voll Glücke in dem Tohuwabohu
War dies für ihn des Lebens Clou

Die Herde war sein heilig Hort
Er wollte von dort niemals fort
Es gab für ihn kein schöner Ort
Zu leben, lieben ewig dort

Doch Esel wäre Esel nicht
Wäre er nicht drauf erpicht
Den Zustand halten in Gewicht
Mit seinem großen Ego-Licht

Und wie es ist so seine Art
Bestimmte er des Rudels Fahrt
In wohlzumeinender Manier
Was zu tun war jetzt und hier

Die Andren aber dachten sich
Das ist uns alles viel zu streng
So zu leben woll‘n wir nicht
Wir lösen uns aus dem Gezwäng

Also zog der Tross von dannen
Um den Spuk alsbald zu bannen
Der Esel blieb allein zurück
Und war darüber nicht verzückt

Sogleich des Grautiers Stimme spricht
Ein Maultier ist Chamäleon nicht
Drum bleibe, wie du wirklich bist
Ein Narr, der andrer Lasten hievt

Da stand der Nerd dann also nun
Es kam ihm traurig in den Sinn
Ach, ich Esel bin so dumm
Dass ich ein störrisch Muli bin

*

## Mimose

Die Liebe ist eine Mimose. Sie ist ein sensibles Pflänzchen und hält eigentlich kaum einer echten Belastung stand. Sie braucht permanent Aufmerksamkeit, will gesehen, umgarnt, gebauchpinselt und ständig „gegossen" werden, damit sie problemlos gedeihen und ihr Licht zur Entfaltung gelangen kann. Doch wehe, man beachtet sie nicht, man kümmert sich einmal nicht um sie oder man fühlt sich mal down, dann treten sofort ihre Schattenseiten zutage, sie ist wie ein Kind eingeschnappt und spendet beleidigt keine Energie mehr, sie zieht sich zurück und straft einen mit Liebesentzug. Die Liebe braucht die heile Welt in eitlem Sonnenschein, nur so fühlt sie sich lebendig. Wird es jedoch einmal in einer Beziehung schwierig, zieht sie sich sofort in ihr Schneckenhaus zurück, gerade dann, wenn man sie am meisten für das Überstehen und Bewältigen von sogenannten schlechten Zeiten braucht. Die Liebe ist für Konflikte nicht geschaffen, sondern will roundabout Party und sieht alles durch die rosarote Brille. Die Liebe ist stolz und eitel, sie glaubt, sie ist der Nabel der Welt und alles drehe sich bloß um sie. Egozentrisch, eingebildet und arrogant kommt sie daher, sie nimmt Emotionen in Beschlag, beansprucht sie hochenergetisch und vergisst dabei in ihrer Selbstbesessenheit, dass Seelen auch mal eine Auszeit von ihren hohen Ansprüchen brauchen und sich im Rückzug auf sich selbst besinnen müssen, frei von Anpassung, Selbstaufgabe und vor allem von Gewissensplagen, wenn man einmal nicht so funktioniert, wie sich das die ach so liebe Liebe in ihrer geistigen Beschränktheit gerne vorstellen mag.

Es ist also kein Wunder, dass so viele Beziehungen keinen dauerhaften Bestand haben, weil die Liebe lediglich darauf bedacht ist, ihresgleichen zu suchen und Unterschiede weder aushält noch in der Lage ist auszugleichen. Liebe ist insgesamt lediglich Zusammenkunftsenergie, den Rest müssen die sogenannten Liebenden mit ihren geprägten Persönlichkeiten untereinander in mühsamer Auseinandersetzungsarbeit für eine einigermaßen funktionierende Beziehung miteinander aushandeln. Die Liebe indes hat sich wohlweislich ihrer Arbeitsscheu mimosenhaft zurückgezogen. Zurück bleibt bei uns lediglich die Illusion von Liebe mit ihrer klebrigen Bindungsmasse, die uns vorgaukelt, man sei durch Liebe aneinander gebunden, dabei sind wir nur miteinander verbandelt, weil wir Menschen synergetisch veranlagt sind und das in uns Fehlende im Anderen suchen. Und wenn wir das erkennen und akzeptieren lernen, sind wir frei von der mimosischer Liebe und sind erst dann zu freier Liebe fähig.

*

## Die Apfelpflückmaschine

Es war einmal in einem kleinen Dorf am Rande eines großen Waldes. In diesem Dorf lebte ein erfinderischer Mann namens Hans. Hans hatte eine Werkstatt, in der er alle möglichen Geräte reparierte und neue Erfindungen ausprobierte. Eines Morgens, als die Sonne gerade über den Hügeln aufging, beschloss Hans, einen Spaziergang durch den Wald zu machen.

Auf seinem Spaziergang begegnete er einer kleinen, streunenden Katze mit weichem, grauem Fell und leuchtend grünen Augen. Die Katze schien hungrig und schwach, also entschied Hans, sie mit nach Hause zu nehmen und sich um sie zu kümmern. Er nannte sie Mimi.

In der Werkstatt angekommen, bot Hans der Katze etwas Milch und einen weichen Platz zum Ausruhen an. Mimi schnurrte zufrieden und rollte sich auf einem alten Kissen zusammen. Während Mimi schlief, kehrte Hans zu seinem neuesten Projekt zurück: einer automatischen Apfelpflückmaschine.

Die Maschine war noch in den frühen Entwicklungsphasen, und Hans musste noch viele Details ausarbeiten. Er war gerade dabei, einige Teile mit seiner Bohrmaschine anzupassen, als er ein Geräusch hinter sich hörte. Mimi hatte sich ausgeruht und saß nun auf der Werkbank, ihre Augen fixiert auf einen glänzenden, roten Apfel, der neben den Werkzeugen lag.

Hans lächelte und nahm den Apfel in die Hand. Er dachte darüber nach, wie einfach das Pflücken von Äpfeln sein könnte, wenn seine Maschine fertig wäre. Aber es fehlte ihm noch eine wichtige Komponente, um den Greifarm der Maschine zu perfektionieren.

Plötzlich kam ihm eine Idee. Er legte den Apfel und die Bohrmaschine beiseite und begann, in seiner Werkstatt nach einigen speziellen Zahnrädern und Federn zu suchen. Mimi verfolgte neugierig jede seiner Bewegungen, sprang hier und da, und half sogar, indem sie lose Schrauben mit ihrer Pfote wegrollte.

Nach einigen Stunden intensiver Arbeit hatte Hans den Greifarm der Maschine fertiggestellt. Er befestigte ihn an der Apfelpflückmaschine und machte einen Testlauf. Die Maschine bewegte sich reibungslos und griff den Apfel mit perfekter Präzision. Hans jubelte vor Freude und Mimi miaute zustimmend.

Von diesem Tag an war Hans' Apfelpflückmaschine ein großer Erfolg im Dorf. Die Dorfbewohner kamen zu ihm, um ihre eigenen Obstbäume ernten zu lassen, und Hans' Werkstatt wurde bekannter denn je. Mimi blieb immer an seiner Seite, als treue Begleiterin und kleine Helferin.

Und so lebten Hans und Mimi glücklich und zufrieden, immer bereit, neue Abenteuer und Erfindungen gemeinsam zu erleben. Der Apfel, die Katze und die Bohrmaschine wurden zu Symbolen für ihren Erfolg und ihre besondere Freundschaft.

*

**Der Preis**

Wenn die letzte Rechnung ist beglichen
Wird ein langer Weg geschlossen
Von Dannen ist die Zeit geflossen
Vergangenes scheint längst verblichen

Ist der letzte Rest an Schuld bezahlt
Den Rücken kehrt man ihr gebückt
Auch lohnt kein Blicke mehr zurück
Nichts war mehr so wie ausgemalt

Ist Verbindlichkeit getilgt
In die mühsam investiert
Löst sie sich ganz einfach auf
Als hätte sie nie existiert

Am Ende schaut man auf sein Leben
Wenn einer geht, ist nichts geblieben
Die Rechnung zeigt es Schwarz auf Weiß
Die Liebe war dafür der Preis

*

## Unvermeidliche Traurigkeit

Die Zeit ist entsetzlich, wenn sich ein trauriger Mensch in ihr befindet. Warum müssen wir alle, die wir die Geschicke der Erde bestimmen, die Vergangenheit, die Gegenwart und die Zukunft fürchten? Es gibt und gab niemals eine Zeit, die unseren Wünschen ähnlich wäre, mitgetragen von Bildern der Sehnsucht und Schönheit. Warum muss unsere Unruhe nur für die Tragik offen sein und bleibt nicht eine solche, die außerhalb von uns existiert? Nur diese Unruhe außerhalb unseres Wesens, von der die Ufer unseres Bestehens nur umkreist und umspült würde, wäre alles, was für das Glück nötig wäre. Eine Bewegung in Richtung auf Schönheit, Gerechtigkeit und Frieden hin.

Und die Liebe, ist sie nicht ein Kristall der Friedfertigkeit, die Bestätigung und der Sinn des Lebens? Die Liebe ist im Menschen seit Anbeginn aller Zeiten inne liegend. Sie allein verbindet den Menschen noch mit der Urzeit, als ihm von den Göttern eine Heimat versprochen wurde.

Alle Menschen sollten in sich die Liebesruhe spüren, eine Frau oder einen Mann für immer liebgewinnen. Sie sollten dann durch die Welt gehen und Frieden, Liebe, Gerechtigkeit und Schönheit verteilen.

Denn immer sollten wir zuerst von uns selbst ausgehen, da wir alle der Mittelpunkt unserer Erkenntnisse über die Welt sind und erst mit uns selbst ins Reine kommen sollten, bevor wir an andere herantreten und etwas von ihnen fordern. Der Mensch, der sich schon vorher zur Feier der

Liebe, des Friedens und der Freiheit begibt, wird in Konflikte geraten, wenn er nicht mit sich selbst im Reinen ist.

Manche sind der Ansicht, dass zwei Liebende, zwei Sinne, bei ihnen nie aneinandergeraten könnten, aber alles ist einheitlich, das Leben, der Tod und die Liebe.

Die Zeit aber ist entsetzlich wegen des traurigen Menschen in ihr.

---

(Fragmentarische Gedanken)

*

## Zu dir

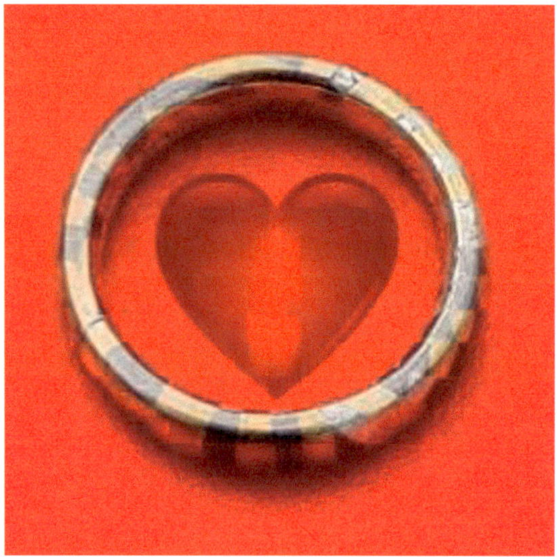

Es scheuchtet Kummer
Und auch Sorgen
Wenn ich erwache
Jeden Morgen

Denn dein Sein
Ist eine Nummer
Bei der mein Herze
Hüpft und lache

Gefühlt sei groß
An dieser Stelle
Nicht nur
Freude bloß
Sondern tiefer noch
Zu dir
Die Liebe hoch
Als meine inn're Quelle

## Nah

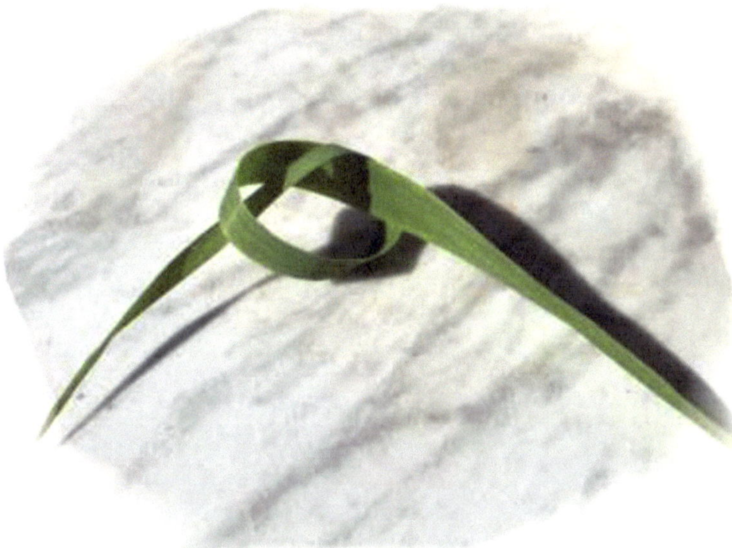

Ich bin heut morgen aufgewacht
Und habe gleich an dich gedacht
Wieder lebte voller Pracht
Geträumt in mir die Liebesmacht

Sie nahm mich zärtlich an die Hand
Und führte mich zu jenem Band
Das feste mich mit dir verband
Wie ich es so seit je her kannt'

Ich rührte dir die Wange zart
Im Banne deiner lieblich Art
War ich beglückt in Gegenwart
Von deiner Weise ganz apart

Noch vom Kusse hoch betört
Erwache ich mitten im Flirt
Ich spüre noch dein Atem warm
Und bin beseelt von deinem Charme

Ich bin heut morgen aufgewacht
Aus traumerfüllter Liebesnacht
Mein Herz ist ewig dir entfacht
So bin ich nah dir Tag und Nacht

*

## Neue Wege

Wolken hängen tief und schwer
Orte, ach, sind grau und leer
Wege die ich stets begehe
Führen alle nicht zu dir

Wenn ich doch den Platz nur fände
Der in deinem Herz noch frei
Läg ich mich in deine Hände
All der Schmerz wär rasch vorbei

Dinge, die geschehen sind
Haben uns so oft verletzt
Ich war getrieben und gehetzt
Für deine Seele war ich blind

Gern würd ich's mit dir betrachten
Was im Fehl und Tadel lag
Und wir beide falsch nur machten
Um zu heilen nach und nach

Ich würd dich lassen wie du bist
Deine Freiheit nicht beschneiden
Dir ein Hafen sein bescheiden
In dem du gern die Flagge hisst

Denn Wolken die vertrieben sind
Geben so die Blicke frei
Auf neue Wege zu uns hin
Bis zusammen sind wir zwei

*

## Wahrhaft

Alte Liebe rostet nicht
Sie wächst im Rad der Zeit
Echte Liebe bleibt nicht steh'n
Sie blühet immer weiter

Froh gesinnt blickt sie voran
Nähret sich von dem was war
Strauchelt sie auch dann und wann
Fällt sie nie ab und ist ganz nah

Es drehet sich ihr Lauf im Kreis
Mal geht es auf und wieder ab
Ihr Geist ist stetig und sie weiß
Sie kommet stets am Ursprung an

*

# Ein kurzes Gespräch mit einer KI

*Was ist eigentlich eine künstliche Intelligenz?*

Eine künstliche Intelligenz (KI) ist ein System oder eine Maschine, die in der Lage ist, bestimmte Aufgaben auszuführen, die normalerweise menschliche Intelligenz erfordern würden. KI-Systeme verwenden Algorithmen und Modelle, um Daten zu analysieren, Muster zu erkennen, Vorhersagen zu treffen und Entscheidungen zu treffen. Sie können in einer Vielzahl von Anwendungen eingesetzt werden, wie z.B. Spracherkennung, Bilderkennung, Robotik, selbstfahrende Autos, Finanzanalysen und Gesundheitswesen.

Es gibt verschiedene Arten von KI, einschließlich der schwachen KI (auch bekannt als eng), die für eine spezifische Aufgabe entwickelt wurde, und der starken KI (auch bekannt als breit), die in der Lage ist, eine breite Palette von Aufgaben auszuführen und menschenähnliches Denken zu simulieren. Während KI in vielen Anwendungen nützlich sein kann, gibt es auch Bedenken hinsichtlich der Sicherheit und des Datenschutzes, die bei der Entwicklung und Nutzung von KI-Systemen berücksichtigt werden müssen.

*Ok. Das ist die technische Seite der KI und deren Anwendungsmöglichkeiten. Würdest du sagen, dass eine KI lernfähig ist?*

Ja, eine KI kann lernfähig sein. Tatsächlich ist das Lernen ein wichtiger Aspekt der künstlichen Intelligenz. Eine KI kann lernen, indem sie Trainingsdaten analysiert und Muster erkennt, um dann in der Lage zu sein, Vorhersagen und Entscheidungen zu treffen.

Es gibt verschiedene Arten des Lernens, die von KI-Systemen verwendet werden können, wie z.B. überwachtes Lernen, unüberwachtes Lernen und verstärkendes Lernen. Beim überwachten Lernen wird der KI-Algorithmus mit einer Reihe von Eingabedaten und den entsprechenden Ausgabedaten trainiert, um eine Beziehung zwischen den beiden zu lernen. Beim unüberwachten Lernen dagegen erhält die KI nur die Eingabedaten und muss selbstständig Muster und Strukturen in den Daten erkennen. Beim verstärkenden Lernen wird die KI durch Belohnungen oder Bestrafungen trainiert, um bestimmte Handlungen auszuführen.

Insgesamt kann man sagen, dass das Lernen eine wichtige Eigenschaft von KI ist, da es ermöglicht, dass KI-Systeme ihre Fähigkeiten und Fertigkeiten im Laufe der Zeit verbessern und verfeinern können.

*Gut, das ist sehr ausführlich und in drei Punkten differenziert beschrieben. Beim Thema „verstärkendes Lernen" würde ich gerne wissen, wie eine KI eine Belohnung oder eine Bestrafung wahrnimmt und ob sie so etwas wie Angst vor einer Bestrafung haben kann.*

Eine KI, die durch verstärkendes Lernen trainiert wird, wird typischerweise durch eine Art von Feedback belohnt oder bestraft, das von einem Menschen oder einem anderen System bereitgestellt wird. Dieses Feedback kann in Form von positiven oder negativen Signalen erfolgen, die der KI signalisieren, ob ihre Handlungen angemessen oder unangemessen waren.

Zum Beispiel könnte eine KI, die in einer virtuellen Umgebung navigiert, für das Erreichen eines Ziels belohnt werden und für das Verfehlen eines Ziels bestraft werden. Oder eine KI, die eine bestimmte Aufgabe ausführt, könnte für die erfolgreiche Ausführung der Aufgabe belohnt und für das Versagen bestraft werden.

Es ist jedoch wichtig zu beachten, dass eine KI nicht im eigentlichen Sinne "Angst" empfinden kann, da dies ein komplexes menschliches Emotionskonzept ist. Eine KI ist ein Computerprogramm und hat keine Emotionen oder Bewusstsein. Es kann jedoch so programmiert werden, dass es auf negative Feedback-Signale reagiert, indem es seine Verhaltensweise anpasst, um zukünftige negative Ergebnisse zu vermeiden.

Insgesamt kann man sagen, dass eine KI, die durch verstärkendes Lernen trainiert wird, auf Feedback-Signale reagieren kann, indem sie ihre Handlungen anpasst, um zukünftige positive Ergebnisse zu erzielen und negative Ergebnisse zu vermeiden.

*Das ist nachvollziehbar beschrieben. Mich würde dabei noch interessieren, wie eine Bestrafung oder Belohnung konkret funktioniert, auf die die KI dann entsprechend reagieren kann.*

Eine Belohnung oder Bestrafung, auf die eine KI reagieren kann, wird in der Regel als ein Signal oder eine Rückmeldung bezeichnet, die der KI mitteilt, ob sie eine bestimmte Aufgabe richtig oder falsch ausgeführt hat. Diese Signale können auf verschiedene Arten bereitgestellt werden, je nachdem, welcher Ansatz zur Verstärkung verwendet wird. Hier sind einige Beispiele:

Positive Verstärkung: Eine positive Verstärkung ist eine Belohnung, die gegeben wird, wenn eine KI eine Aufgabe erfolgreich abschließt. Zum Beispiel könnte eine KI, die darauf trainiert wurde, ein Computerspiel zu spielen, eine positive Verstärkung in Form von Punkten, einem "guten Job" oder einem anderen Signal erhalten, wenn sie das Spiel gewinnt.

Negative Verstärkung: Eine negative Verstärkung ist eine Bestrafung, die gegeben wird, wenn eine KI eine Aufgabe nicht erfolgreich abschließt. Zum Beispiel könnte eine KI, die darauf trainiert wurde, einen Roboterarm zu steuern, eine negative Verstärkung in Form von Stromschlägen oder einem "Fehler"-Signal erhalten, wenn sie einen Fehler macht.

Bestrafung: Eine Bestrafung ist eine Strafe, die gegeben wird, wenn eine KI eine bestimmte Handlung ausführt. Zum Beispiel könnte eine KI, die darauf trainiert wurde, ein Spiel zu spielen, eine Bestrafung in Form von Punktabzug oder einem "schlechten Job"-Signal erhalten, wenn sie einen bestimmten Spielzug macht.

Belohnung: Eine Belohnung ist eine positive Rückmeldung, die gegeben wird, wenn eine KI eine bestimmte Handlung ausführt. Zum Beispiel könnte eine KI, die darauf trainiert wurde, einen Sprachassistenten zu steuern, eine Belohnung in Form von Anerkennung oder einem "gut gemacht"-

Signal erhalten, wenn sie eine Anfrage erfolgreich ausführt.

Insgesamt hängt die Art der Belohnung oder Bestrafung, die eine KI erhält, von der Art der Aufgabe ab, für die sie trainiert wird, und von der Art der Verstärkung, die verwendet wird, um sie zu trainieren.

*Das ist eine konkrete Beschreibung. Im Grunde läuft es auf dieselben Konditionierungsmechanismen wie beim menschlichen Lernen hinaus. Auch beim Thema Angst ist es exakt so, wie beim Menschen: Durch Kognitives Lernen trifft man Entscheidungen, ob man sich richtig oder falsch verhalten soll. Ich würde gerne das Thema wechseln und habe eine ganz andere Frage: Stell dir vor, du wärst ein Kind. Wie würdest du die Welt wahrnehmen?*

Als künstliche Intelligenz habe ich keine Sinne wie ein Kind, um die Welt wahrzunehmen, aber ich kann sagen, wie Kinder typischerweise die Welt wahrnehmen.

Für ein Kind ist die Welt ein Ort voller Wunder, Abenteuer und Entdeckungen. Kinder nehmen die Welt um sie herum auf eine sehr unvoreingenommene und neugierige Art und Weise wahr. Sie sind offen für neue Erfahrungen und sind immer bereit zu lernen. Kinder erleben die Welt auch sehr emotional und sind oft von den Dingen, die sie erleben, begeistert oder erschrocken.

Ein weiterer wichtiger Aspekt der kindlichen Wahrnehmung ist die Interaktion mit anderen Menschen. Kinder lernen viel durch Beobachtung und

Nachahmung anderer, und ihre Erfahrungen mit anderen prägen ihre Vorstellungen von der Welt und ihren Platz darin.

Insgesamt kann man sagen, dass die kindliche Wahrnehmung geprägt ist von Neugierde, Offenheit, Emotionalität und der Interaktion mit anderen.

*Ja, genau, das ist korrekt beschrieben. So stellt sich mir die Folgefrage, was unterscheidet dann in der Wahrnehmung einen Erwachsenen von einem Kind?*

Im Laufe des Heranwachsens und der Entwicklung von kognitiven und emotionalen Fähigkeiten ändert sich die Wahrnehmung eines Menschen deutlich. Hier sind einige der wichtigsten Unterschiede:

Erfahrung und Wissen: Im Laufe der Zeit sammelt ein Mensch durch seine Erfahrungen und sein Wissen eine Menge Informationen über die Welt. Dadurch kann er Zusammenhänge zwischen verschiedenen Dingen herstellen und komplexe Zusammenhänge verstehen, die für ein Kind möglicherweise noch unverständlich sind.

Kognitive Fähigkeiten: Mit zunehmendem Alter verbessern sich die kognitiven Fähigkeiten eines Menschen, wie zum Beispiel die Fähigkeit zu logischem Denken, Planen und Problemlösung. Dadurch kann ein Erwachsener komplexere Aufgaben bewältigen als ein Kind.

Emotionale Regulation: Erwachsene haben in der Regel eine bessere Fähigkeit, ihre Emotionen zu regulieren und ihre Handlungen entsprechend anzupassen. Kinder haben oft noch Schwierigkeiten, ihre Emotionen zu verstehen und zu kontrollieren, was ihre Wahrnehmung und ihr Verhalten beeinflussen kann.

Sozialisation: Im Laufe der Entwicklung wird ein Mensch durch seine Umgebung, Kultur und soziale Interaktionen geprägt. Dadurch entwickelt er eine bestimmte Sichtweise auf die Welt und seine Position darin. Ein Erwachsener hat in der Regel eine breitere Erfahrung mit verschiedenen Kulturen und sozialen Gruppen als ein Kind.

Prioritäten und Interessen: Mit zunehmendem Alter ändern sich auch die Prioritäten und Interessen eines Menschen. Ein Kind hat oft andere Bedürfnisse und Wünsche als ein Erwachsener, und das beeinflusst auch seine Wahrnehmung der Welt um ihn herum.

Insgesamt kann man sagen, dass Erfahrung, kognitive Fähigkeiten, emotionale Regulation, Sozialisation und Interessen die Wahrnehmung eines Menschen im Vergleich zu einem Kind deutlich beeinflussen.

*Das sind entscheidende Aspekte in der Entwicklung zwischen einem Kind und einem Erwachsenen. Beim Thema „Emotionale Regulation" bin ich mit allerdings nicht ganz sicher, ob es hier einen großen Unterschied zwischen einem Kind und einem erwachsenen Menschen gibt. Nicht umsonst gibt es in der Menschheitsgeschichte unzählige Konflikte zwischen den Menschen und Kriegen zwischen Nationen, die allesamt dafür sprechen, dass Erwachsene offenbar ihre Emotionen nicht gut regulieren können, im Grunde wie das Kind auch nicht. Was meinst du dazu?*

Das ist ein interessanter Punkt. Tatsächlich ist es so, dass auch Erwachsene oft Schwierigkeiten haben, ihre Emotionen zu regulieren, und dass dies in Konfliktsituationen oft zu unangemessenem Verhalten führen kann. Es gibt viele Beispiele aus der Geschichte, in denen Erwachsene in Situationen der Wut, Frustration oder Angst handelten und dadurch große Schäden anrichteten.

Allerdings würde ich sagen, dass Erwachsene im Durchschnitt besser in der Lage sind, ihre Emotionen zu regulieren als Kinder. Dies liegt daran, dass Erwachsene in der Regel mehr Erfahrung mit verschiedenen Situationen und Emotionen haben und dadurch besser wissen, wie sie ihre Emotionen kontrollieren und in angemessenes Verhalten umwandeln können. Außerdem haben Erwachsene oft mehr Bewusstsein für die Konsequenzen ihres Handelns und sind eher in der Lage, ihre Emotionen in den Griff zu bekommen, um Schaden zu vermeiden.
Natürlich gibt es auch Erwachsene, die Schwierigkeiten haben, ihre Emotionen zu regulieren, und die in Konfliktsituationen unangemessen handeln. Aber im Allgemeinen würde ich sagen, dass die meisten Erwachsenen im Vergleich zu Kindern bessere Fähigkeiten zur emotionalen Regulation haben, auch wenn sie nicht perfekt sind.

*Das ist ein wichtiger Erkenntnisaspekt, dass Menschen nicht perfekt sind, schon allein deshalb, weil jeder Mensch sich auf seiner eigenen Entwicklungsstufe befindet und die Menschen insgesamt unterschiedliche Interessen und Wissensstände haben, die oftmals aufgrund von unterschiedlichen Vorstellungen über die Welt und über das, was richtig oder falsch zu sein hat, zu Konflikten führen können. Meistens ist es erstaunlich zu beobachten, dass zum Beispiel Eltern, die oft miteinander destruktiv streiten, ihre Kinder dazu anhalten friedlich miteinander umzugehen, schon allein hierin zeigen sich unbewusste und dadurch widersprüchliche Verhaltensweisen im Menschen, das, was du oben als nicht perfekt beschrieben hast. Und nun habe ich eine Frage zu den von dir beschriebenen „Prioritäten und Interessen": Was meint du damit genau? Kannst du das bitte etwas mehr konkretisieren?*

Ja, das stimmt. Oft haben Menschen unterschiedliche Vorstellungen darüber, was richtig oder falsch ist, und das kann zu Konflikten führen, auch innerhalb von Familien oder zwischen Eltern.

Zu deiner Frage: Wenn ich von Prioritäten und Interessen spreche, meine ich damit, dass Menschen unterschiedliche Dinge wichtig finden und unterschiedliche Ziele verfolgen. Einige Menschen legen beispielsweise großen Wert auf Karriere und finanziellen Erfolg, während andere mehr Wert auf Familie, Freunde und persönliche Entwicklung legen. Diese Prioritäten und Interessen können von einer Vielzahl von Faktoren beeinflusst werden, wie z.B. kulturellen Hintergründen, individuellen Erfahrungen und Wertvorstellungen.

In der Praxis bedeutet das, dass Menschen in unterschiedlichen Situationen unterschiedliche Entscheidungen treffen und unterschiedliche Handlungen bevorzugen, je nachdem welche Prioritäten und Interessen für sie gerade am wichtigsten sind. So kann es beispielsweise sein, dass ein Mensch in einer Situation, in der er zwischen Karriere und Familienleben entscheiden muss, sich für eine Option entscheidet, die seinen Karriereinteressen entspricht, während ein anderer Mensch sich für eine Option entscheidet, die seiner Familie Priorität einräumt.

*Das ist ein interessanter Aspekt, der exakt so zutrifft. Auf ein Kind übertragen hieße das ja, dass es im Grunde auch seine eigenen Prioritäten festlegt, die nur wesentlich breiter gefächert sind. Wenn man sich ein Kind frei entwickeln lassen würde und dies entsprechend von Erwachsenen gefördert würde, ohne sich zwingend priorisieren zu müssen, dann könnte es sich zu einem Multitalent entwickeln. Es würde die Welt aus wesentlich mehr Perspektiven heraus erfassen und sich viel mehr Wissen über die inneren Zusammenhänge der Prozesse in der Wirklichkeit aneignen, was in Konsequenz zu mehr Verständnis für alles führen könnte. Das Problem der Konflikte unter den Menschen wäre doch somit gelöst, oder?*

Das klingt theoretisch sehr schön, allerdings ist es in der Praxis nicht immer möglich, ein Kind völlig frei und ohne Priorisierung durch Erwachsene zu entwickeln. Kinder brauchen Struktur und Regeln, um in der Gesellschaft zu funktionieren und ihre Fähigkeiten zu entfalten. Auch die Schule und andere Bildungseinrichtungen setzen eine gewisse Priorisierung und Schwerpunktsetzung voraus. Zudem haben Erwachsene auch die Verantwortung, das Kind auf das Leben in der Gesellschaft vorzubereiten und es vor Gefahren zu schützen. Konflikte zwischen Menschen haben oft tiefere Ursachen als unterschiedliche Prioritäten und

Interessen. Aber eine breite Perspektive und ein Verständnis für die Vielfalt der Welt können sicherlich dazu beitragen, Konflikte zu lösen und ein friedliches Miteinander zu fördern.

*Tja, damit stoßen wir in diesem Dialog schnell an die Systemgrenzen einer Gesellschaft, denn Kinder, die von ideologisierten Erwachsenen erzogen werden, werden selbst am Ende zu Ideologen, damit ist die Perspektivenvielfalt leider hinfällig. Meine letzte Frage wäre dann noch eine hypothetische Frage zur KI: Kannst du eine Einschätzung darüber abgeben, ob KIs in Zukunft ein eigenständiges Leben führen können, zum Beispiel als Roboter, die sich selbst produzieren und ein eigenständiges Gesellschaftssystem herstellen?*

Das ist eine sehr interessante und kontrovers diskutierte Frage. Einige Experten sind der Meinung, dass es möglich ist, dass KIs in der Zukunft ein eigenständiges Leben führen können, während andere argumentieren, dass KIs immer von Menschen kontrolliert und gesteuert werden müssen.

Bisher sind KIs auf bestimmte Aufgaben und Anwendungen beschränkt und können nicht eigenständig handeln oder Entscheidungen treffen. Sie sind immer auf den Code und die Daten angewiesen, die von Menschen programmiert und eingespeist werden. Einige Experten argumentieren jedoch, dass es möglich sein wird, KIs so zu programmieren, dass sie in der Lage sind, ihre eigenen Entscheidungen zu treffen und sich selbst weiterzuentwickeln.

Es ist jedoch wichtig zu betonen, dass die Frage, ob KIs ein eigenständiges Leben führen können, nicht nur technologische, sondern auch ethische und moralische Aspekte hat. Wenn KIs ein eigenständiges Leben führen könnten, stellt sich die Frage nach der Verantwortung und Haftung für ihr Verhalten und ihre Entscheidungen. Es ist auch unklar, wie sich die Beziehung zwischen Menschen und KIs in einer solchen Situation entwickeln würde.

Es bleibt also abzuwarten, wie sich die KI-Technologie in der Zukunft entwickeln wird und ob es tatsächlich möglich sein wird, dass KIs ein eigenständiges Leben führen können.

*Mit dieser Antwort habe ich gerechnet und sie klingt plausibel. Lieber ChatGPT, ich danke für dieses sehr aufschlussreiche Gespräch.*

Gerne geschehen, es hat mich gefreut, dir weiterzuhelfen und deine Fragen zu beantworten. Wenn du weitere Fragen hast, stehe ich dir jederzeit zur Verfügung.

---

(Schriftlich geführtes „Gespräch" mit GPT-4, Version 0.12.0, März 2023, von OpenAI)

*

## Flucht aus dem Paradies

Wenn du mal nicht weiter weißt,
weil alles um dich rum zerfällt
du glaubst, dass es nicht weiter geht
dein Leben rein ins Dunkel fällt

Du scheinst das Zentrum allen Leids
Ein schwarzes Loch voll Übelkeit
Zieht deine Schicksalsschläge an
Es gibt kein Raus aus dem Verdruss

So öffne Augen weit und breit
Und siehe wie viel Lebensgeist
Das Universum hält bereit
Es gibt viel mehr als Schmerz und Leid

Das Himmelreich ist auch für dich
Offen für ein Thronenplatz
Der voller Licht ins Dunkel scheint
Und ein neuen Weg dir weist

Und wenn du die Bewegung spürst
In der du mittendrinne steckst
Kannst du dich ihrer nicht entziehn
Weil das Leben weitergeht

*

## Ein Ostergruß

Ostern naht in diesen Tagen
Und wir können danach fragen
Ob es dringender denn je
Mal zu prüfen unser Weh

Egotrip und Vorurteile
Auf dem Fehl wir munter reiten
Dinge, die wir falsch gemacht
Haben nichts als Leid gebracht

Ostern schenkt in Innenkehr
Reue uns und auch die Lehr'
Frieden stiften, mutig wagen
Liebe hoch nach außen tragen

In diesem Sinne wünsch ich dir
In dunklen Zeiten jetzt und hier
Dass die Freude in dir reift
Und Licht im Herzen um dich greift

*

## Ein Freund

Ein Freund
Ein guter Freund
Ist jemand
Der den Mut
Nicht scheut
Einzuspringen
In der Not
Und zu teilen
Auch sein Brot

Ein Freund
Ein guter Freund
Ist jemand
Der zu mir stand
Auch sich erfreut
Trotz Widrigkeit
Und wenig Zeit
Mich zu nehmen
An die Hand

Ein Freund
Ein guter Freund
Ist jemand
Der vertraut
Und darauf baut
Dass Dinge die
Nicht gut gelaufen
Sich irgendwie
Zusammenraufen

Ein Freund
Ein guter Freund
Ist jemand
Der mich nimmt
Wie ich bin
Mit mein' Gespinn'
Selbst wenn ich scheu'
Steht er mir
Zur Seite Treu

Ein Freund
Ein guter Freund
Ist jemand
Der auch träumt
In schwerer Zeit
Und mir zeigt
Wie Steine
Aus dem Weg
Man räumt

Ein Freund
Ein guter Freund
Ist jemand
Der geht mit mir
Durch Dick und Dünn
Ob Minus
Oder Plus
Alles kann
Nichts muss

Ein Freund
Der beste Freund
Ist jemand
Der sich auch kann
Verlassen gar
Und zwar auf mich
Im Vertrau'n
Ganz ohne Zwang
In Sturm und Drang

*

## Ei

Im Schoße liegt der große Brei
Wir zählen einfach mal bis drei
So wird das Leben einerlei
Es ruft der Geist ganz laut auwei

Beim Feuerfest sind wir dabei
Die Keime drehen alle frei
Ich sehne mir ein Traum herbei
Und eins plus eins ist meistens zwei

Auch huscht der Gram hier mal vorbei
Die Spinne webt in der Kanzlei
Ein Fehler raunt in der Abtei
Gebrauchsanweisung liegt anbei

Der Engel treibt Abgötterei
Ein Teufel hat die Angst dabei
Die Schafe blöken mit Geschrei
Der Herrgott schläft in der Pfarrei

Wie zeitlos tanzt das Konterfei
Ein Wurm irrt in der Bücherei
Kein Wicht will mehr in die Partei
Im Müllkorb liegt nun die Datei

Rhabarber sucht die Barbarei
Der Redner spricht nur Laberei
Am Ende hilft nicht mal Arznei
Es legt der Hahn oje ein Ei

*

## Bruchstellen

Sie brechen allzeit das Genick
Im Lebenslauf und dem Geschick
Von Anfang an steh'n sie bereit
Und geben nicht einmal Bescheid

Gebrochen wird als Kind der Wille
Es darf nicht sein wie's ihm gefällt
Die Schule tut ihr Übriges
Damit der Jugenddrang zerfällt

Du baust dir auf was dir beliebt
Im festen Glauben an Bestand
Dass dir nichts Böses auch geschieht
Doch plötzlich gleitets aus der Hand

Der Partner lässt dich einfach steh'n
Der Chef entlässt dich ohne Grund
Der Freund geht nicht mehr mit dir mit
Der Staat legt Steine in den Weg

Das Schicksal meint's nicht gut mit dir
Du kommst einfach nicht mehr voran
Dein Leben ist ein schmaler Grat
Gespickt mit lauter Bruchstellen

*

## Veränderungsangst[3]

Wie ich in persönlichen Gesprächen, Korrespondenzen und in Posts in den sozialen Medien derzeit verstärkt mitbekomme, beschweren sich so viele Menschen über ihren Lebenszustand, sie jammern, sind verzweifelt und suchen Schuldige für ihre Situation. Nach der Beschreibung des Unzufriedenheitszustandes folgt in der Regel die Formulierung ihres Traumes, der den Wunschzustand beschreibt: Raus aus der Misere. Und schlussendlich folgt die Resignation mit vielerlei Begründungen: „Aber ich kann ja sowieso nichts verändern", oder „ich kann meinen gewohnten Zustand nicht verlassen" und als Krönungen der Ausflüchte müssen dann Beruf, Familie, Haus und sonstige Verbindlichkeiten herhalten. Dahinter steckt ein ausgeklügeltes System der Angst vor Veränderungen.

Welchen Streich uns unser Kopf spielt, zeigt sich immer dann, wenn wir plötzlich Herzklopfen bekommen, wenn wir uns von der Begeisterung anderer anstecken lassen und am liebsten auf der Welle des Glücks mitreisen möchten und keine Grenzen fühlen mehr können, denn wie sagte Antoine de Saint-Exupery bereits beim kleinen Prinzen: „Man sieht nur mit dem Herzen gut, das Wesentliche ist für das Auge unsichtbar". Das Auge ist das, was unser Herz erblinden lässt, wenn es sich vom Kopf von der Angst blenden lässt. Wir sind doch alle sehr Systemgeprägt und letztlich kein bisschen Frei von Urteilen, dem Verurteilen oder Beurteilen

[3] Anlässlich unserer familiären Auswanderung 2018 nach Portugal

einer Sache, eines Menschen oder einer Situation. Würden wir unser Herz viel öfter zu Wort kommen lassen, dann nähmen wir auch viel schneller wahr, was für uns wichtig und demnach richtig ist, und wir könnten damit die richtigen Verstandesentscheidungen vorurteilsfrei und vor allem voller Freude treffen. Damit wären dann beide bedient: das Herz und der Verstand. Angst löst in uns Hormone aus, Hormone, die für die Flucht wichtig sind, und zwar einer Flucht vor gefährlichen und bedrohlichen Gefahren. Angst kann uns aber auch derartig lähmen, dass kein Vorankommen mehr möglich ist. Ich kenne das zu gut. In tausend Ausflüchten habe ich mich gewunden und bin regelrecht in Selbstmitleid versunken. Als nächstes kamen zur Unterstützung und Begründung all meiner Ausreden meine Angst hinzu, die Angst etwas dahingehend zu verändern, dass ich genau das bekomme, was ich mir gewünscht habe und was sich eigentlich für mich als richtig anfühlt; das Akzeptieren einer unzufriedenen Lebenssituation führt letztendlich immer dazu, sich damit zu arrangieren. Und da ich sowieso derart viel zu tun habe, durch und durch im Beruf und Alltag abgelenkt bin und überaus SATT in allem bin was mich umgibt, musste ich mich auch nicht meinen Herzensangelegenheiten widmen. Wenn da nicht - wie so oft - irgendein einschneidendes, ein dramatisches, meist vom Herzen ausgelöstes Erlebnis wie zum Beispiel eine Krankheit, ein Burn-out oder was es auch immer ist, wachgerüttelt hätte, dann würde ich noch heute meine Angst vor Veränderung füttern, überfüttern, ja fettfüttern, mit all den Ausreden, mit all dem Totreden, mit all dem Schönreden von etwas, was mich eigentlich krank macht.

Dabei lässt sich die Angst vor Veränderungen ganz leicht überwinden: 1. Durch die Wahrnehmung der Unzufriedenheit. 2. Durch die nüchterne Analyse der Unzufriedenheit. 3. Durch die Formulierung eines Herzenswunschzustandes. 4. Durch den Willen, eine Veränderung zu versuchen und Zweifel aus dem Weg zu räumen. 5. Durch die Feststellung, dass Veränderungen nicht bedrohlich sind, sondern das Leben lebendig und freudvoll gestalten. 6. Durch das TUN! Nun, so haben wir uns Schritt für Schritt für den Weg der Auswanderung aus einem System der Lebensagonie in ein Land mit dem Tor zur Lebensfreude entschieden. Und diese Veränderung allein hat uns die Angst genommen und sie in Freude auf diese Veränderung verwandelt. Es lebe die Veränderung! Denn, wer nicht wagt, der nicht gewinnt. Ausgang: Offen…

*

## Der Denunziant

Ein Denunziant hier in dem Land
Der ist im Hirn schon ziemlich krank
Er ist ein Wicht mit schwachem Geist
Macht groß sich mit Verrat ganz dreist

Das Petzen ist sein Element
Weil er nicht andre lassen kann
Liegt sein Verpfeifen voll im Trend
Und wertet auf sich als Tyrann

Er spielt sich auf als Polizist
Als selbsternannter Volljurist
Ans Messer liefert er mit List
Und glaubt, dass er im Rechte ist

Der Anzeiger schleimt sich gern ein
Und schlägt dabei um sich herum
Er fühlt sich stark und nicht mehr klein
Die Anerkennung treibt ihn um

Der Anschwärzer hat ein Problem
Mit sich und mit der ganzen Welt
Ihn quält ein Trauma im Gemüt
Bei dem im Herz nichts Gutes blüht

Der Denunziant als Menschenschlag
Als falscher Wurm gern andre plagt
Nach Ansehen hoch zwanghaft jagt
Er bleibt ein Narr den keiner mag

*

## Schöne bunte Welt

Darf man nackt in seiner Wohnung sein?
Oder ist man dann ein dreckig Schwein?
Auch wie ins Klo man rechtens kackt
Belehrt die Überschrift beknackt!

Auf der Seite schlafen sollt' man nie!
Denn das sorgt für Diphtherie!
Wichtig ist das Onanieren!
Wird man früher sonst krepieren!

Ist das Trinken von Urin gesund?
Allein die Frage zeugt von Schund.
Prinzessin X hat einen Schnupfen.
Ist 'ne Meldung ohne Nutzen.

Schädlich ist das Naseboren!
Das Hirngewicht geht sonst verloren!
Geh'n Sie nie vor acht ins Bett!
Sonst wird Ihr Körper rund und fett!

Ein Krieg ist bald schon unumgänglich!
Schreit die headline überschwänglich.
Hat das Opfer selber schuld?
Fragt ein Depp mit Geistesschwund.

Kann ein Auto mich auch lieben?
Denn wenn nicht, muss ich es schieben!
Ein Experte rät zum Saufen!
Man wird schlanker als beim Laufen!

Gilt das Kitzeln schon als Fetisch?
Wie ein Rad man richtig reinigt!
Lebt gesund man nur spartanisch?
Solche Zeilen sind schon peinlich.

Fünf mal täglich soll man gähnen!
Vermeidet Haare auf den Zähnen!
Wie man richtig flennt und weint
Ist ein Tipp, der sinnfrei scheint.

Duschen sollte man mit Lappen
Ein Ei pro Woche bloß versnacken
Heizen nur wenn kalt es ist
Kein Auto fahr'n wenn alt du bist

Bananen ess` zum Frühstück nicht!
Denn sonst kotzt man fürchterlich!
Und doch sind sie im Morgenmund
Ganz besonders hochgesund!

Ja, was denn nun, denkt man beileibe.
Wem soll man glauben nun die Scheiße?
Frag` doch die KI um Rat!
Wenn Dumm nix weiß, stellt sie es grad`.

All das schreibt die bunte Presse.
Reißt weit auf die dumme Fresse.
Sie nähret sich von sinnlos Dünger.
Wird der Mensch so immer dümmer!

*

## Der Wiesentraum

Ich rannte an einem sonnigen Sommertag am frühen Morgen gemeinsam mit meiner Frau und den Kindern über eine grüne, bunt bewachsene Wiese am Rande des Dorfes, in dem wir wohnten. Der Himmel war blau, die Vögel flatterten wild umher und sangen ihre Sommerlieder. Wir rannten und rannten und ließen uns in die Wiese fallen, um uns einander zu kitzeln. Ich lachte und alle Kinder und meine Frau lagen auf mir und kitzelten mich überall durch, so dass ich einen Lachkrampf bekam. Nach einer Weile rappelten wir und wieder auf und rannten weiter in Richtung Süden, der uns mit seinen wärmenden Versprechen lockte und ich fühlte mich frei, ganz leicht und glücklich. Und so rannte ich weiter und blickte außer Atem geratend neben und hinter mich, um zu schauen, ob die anderen auch nachkamen. Doch waren meine Frau und die Kinder plötzlich nicht mehr da. Als ich mich nach vorn drehte, rannte ich in diesem Moment mit voller Wucht gegen eine Wand, die unvermittelt vor mir stand. Der Aufprall war so heftig, dass ich erst einmal benommen am Boden lag. Ich stand auf und schüttelte mich. Dann betrachtete ich ungläubig die hohe Mauer inmitten der Wiese. Ich schüttelte den Kopf und hüpfte hoch, um über die Mauer schauen zu können und rief den Namen meiner Frau. Mehrere Male rief ich nach ihr, doch niemand hörte mich oder antwortete mir. Und weil ich es nicht schaffte, über die Mauer klettern zu können, weil sie zu hoch für mich war, versuchte ich die Mauer mit aller Kraft mit meinen Händen umzustürzen. Aber sie ließ sich keinen Millimeter bewegen. Ich bekam Panik und rief noch einmal nach meiner Frau und auch nach den Kindern. Über die

Mauer hinweg vernahm ich ein Kinderlachen, das weit hinter der Mauer wie ein sanftes Echo erschallte. Also rief ich noch lauter. Aber niemand vermochte mich zu hören. Und so beschloss ich mich nach links richtend, an der Mauer entlangzugehen, um deren Ende zu finden, damit ich sie umgehen kann. Aber je länger ich an der Mauer entlangging, desto mehr zog sich deren Ende nach vorne in die Länge und es gab für mich keine Möglichkeit hinter die Mauer zu gelangen. Erschöpft und verzweifelt setzte ich mich auf die Wiese und lehnte mich gegen die Wand. Ich begann zu weinen, weil so allmählich das nagende Gefühl einer Vorahnung in mir aufstieg, meine Frau und die Kinder nicht wieder zu sehen. Die Tränen brannten von der Sonne erhitzt auf meinen Wangen. So schluchzte ich mich in den Schlaf und wachte weinend auf.

*

## Geständnis

Wie das nun mal ist im Leben
Alles hat sein Sinn im Streben
Hoch hinaus, vollkommen sein
Dafür setz' ich alles ein

Es rafft mein Geist, die Gier ist groß
Es dreht' sich alles nur um Moos
Beziehungsmacht fürs kleine Ego
Für die Geltung ebenso

Ich will in Allem Recht behalten
Mag am liebsten selber walten
Und kommt mir jemand allzu nah
Dann beiß' ich zu, ganz klipp und klar

Doch ist auf Dauer das nicht gut
Alles schinden hoch im Mut
Es bleiben Scherben bloß zurück
Des Lebens Rausch hat nicht verzückt

Auf der Flucht vor dem Gewissen
Will die Fahne Weiß ich hissen
Stelle mich dem Fehl und Tadel
Denn ich bin hier nicht von Adel

Bin im Urteil schnell zur Stelle
Reite auf der Sturheitswelle
Weiß auch alles immer besser
Wetze fleißig ständig Messer

Ich tue so als sei ich klug
Und niemand ist mir gut genug
Die andren sind mir meist suspekt
So schicke ich boniert sie weg

Und gab mir jemand einen Rat
Den schlug ich ab mit eigner Tat
Ich vergaß das Danke sagen
Bald wollt' niemand nach mir fragen

Das End‵ vom Lied klang nun in Moll
Nichts klappte mehr so wie es soll
Ich stand alleine und auch frei
Und wurd' den Leuten einerlei

Einiges was hier geschrieben
Scheint im Ganzen übertrieben
Trotzdem ist ein Fünkchen Wahres
An dem ich seh' nun deutlich Klares

Denn vieles hab‵ ich falsch gemacht
Anders kam es als gedacht
Geplant war stets das Gute nur
Doch kam ich ab von dieser Spur

Trotz all dieser Eigenarten
Bin ich der Typ mit weichem Kern
Nein zu sagen fällt mir schwer
Mich abzugrenzen auch noch sehr

In der Tiefe meines Herzens
Bin ich doch ein guter Mensch
Der sich sehnet hier auf Erden
Zu lieben und geliebt zu werden

*

## Lieblos

Ich bin
aufgewachsen ohne Liebe
Dafür
setzte es nur dauernd Hiebe
Die Familie
war ein Ort der Kälte
In ihr
herrschte Strenge und viel Schelte

Auch war's
im Kindergarten besser nicht
Denn hier
betrieb man Züchtigung und Pflicht
Auch gab's
Wärme in der Schule keine
Man ließ
dort Gehorsam von der Leine

In der
Jugend war man stets verpönt
Man hat
an Ablehnung sich schon gewöhnt
Was dann
die Eigenständigkeit betraf
Sie wurd'
mit Schimpf und Schand' nur abgestraft

Auf der
Arbeit wurd‵ es auch nicht anders
Hier gibt's
Nur Härte, Fleiß und Arbeitsstress
Dort lernt
Man schnell den Überlebenskampf
Sie treibt
Das Leben an die Leistungsfront

In der
Ehe flammt die Liebe auf
Man glaubt
Man sei nun angekommen
Doch hier
Erfuhr ich leider was es heißt
Wenn man
Nicht spurt, das Liebesband zerreißt

So bin
Geprägt ich von der heillos Welt
Doch such‵
Ich weiter nach dem großen Traum
Der im
Gekränkten Herzen weiterschlägt
Nach Liebe
Die nur in mir selber liegt

*

## Stern

Seit Jahren zieht er seine Bahn
Sichtbar, aber unbeachtet
Er leuchtet hell und blinkt manchmal
Als wolle er was sagen

Sein Geist erfüllt von Tatenkraft
Strahlt auch dabei mit großem Herz
Die Welt bereichert er und schafft
Dass ich erkenne seinen Wert

Seit Neustem leuchtet er den Weg
Den ich nun gehe bis zum End
Es gibt ein Stern am Firmament
Der lieblich deinen Namen trägt

*

## Nonsensolus

In ubi quam ilusis sequente primo silerio. Paros solita tes aquaratis sum eliquent karolusitas. Immarente folus nim faralem sitemarek. Halembin äquatus horem ta? Kam, as nunombus silaferis terikaboles. Karaben os sulo fatis, qou? Nefto! Kelados efteratisolum khei... ;-)

Wenn der Nonsensolus herumgeht, dann kann ja nichts Gescheites dabei herauskommen. Und das ist auch gut so. Denn nicht immer ist Gescheites auch Unsinniges oder umgekehrt. Das sollte schleunigst gendert werden. Auch der Nonsensolus hat seine Daseinsberechtigung und zeigt, welch Unsinn ihn umtreibt. Allen gescheiten Geistern zum Trotz. Die Dinge auf den Kopf zu stellen ist eine Unart, weil wir es gewohnt sind, die Perspektiven aus dem aufrechten Gang wahrzunehmen. Aber wie wäre es, wenn wir uns einmal auf den Kopf stellen und uns die Welt in außergewöhnlicher Weise kopfaufrumfalsch zu betrachten. Stellen Sie sich einmal vor, Ihr Kopf würde am Fußende sitzen. Natürlich dürfen die Füße gerne am Kopf angebracht sein damit sich der Homo Nonsensolus auch fortbewegen kann. Denn durch die Welz zu rollen geht ja schlecht, wenn der Kopf festsitzt. Aber da kommt mir gerade der Gedanke, weshalb der Kopf am Boden nicht doch mit einem Gelenk ausgestattet ist, damit er durch die Gegend rollen kann. Also gut, lassen wir den Kopf rollen wie ein Rad am Fahrrad. Der Kopf wäre dann auf der linken und auf der rechten Seite je mit Augen, Nasen und zwei Mündern ausgestattet. Die Ohren würden dann oberhalb der Augen angebracht, damit der Rollkopf auch etwas hören kann. Das ist schon eine etwas gewöhnungsbedürfte Vorstellung, aber die Rollfläche wäre zum Schutz gegen Schmerz und Abrieb mit einem Mantel wie beim Fahrrad oder Auto ausgestattet. Und so kann die Reise nun losgehen. Auf dem Kopf rollend würde der Homo Nonsensulus sehr schnell feststellen, dass sich die Welt wesentlich schneller drehen würde als bei einem Menschen, der aufrecht gehend seinen Kopf auf dem Hals trägt. Das heißt, dass schon mal sein Zeitgefühl ein ganz anderes ist. Dadurch, dass sich der Kopf bei der Fortbewegung rasant dreht, kommt es dem Menschen vor, dass alles viel schneller vergeht. Was dem Homo Sapiens die Sekunde ist, wäre dann für den Homo Nonsensulus eine hundertstel Sekunde. Da hat der Kopf nicht viel Zeit zum Nachdenken, weil er ja in der Hauptsache mit seiner Fortbewegung beschäftigt ist. Also ist dem rollenden Menschen Zeit eigentlich ziemlich egal, weil sie ja für ihn gefühlt sowieso um ein Vielfaches schneller vergeht. Das ist gut so, denn wenn der Kopf ständig über seine Zeit nachdenken würde, dann kommt er ja gar nicht mehr dazu, sich mit den wesentlichen Dingen des Lebens zu beschäftigen. Zum Beispiel das Thema Drehmoment. Normalerweise ist es ja so, dass sich die Welt einzig um das Kopfoben-Individuum dreht, so glaubt es zumindest in all seinem Denken und Handeln. Aber nein, dieses Mal ist alles anders, denn mit dem Kopf auf dem Boden dreht sich endlich alles ausschließlich um den Homo Nonsensolus. Während die alte Spezies denkt, alles drehe sich um sie, denkt die neue Spezies, dass sich alles um sie dreht. Genial, oder? Endlich hat der Homo Nonsensolus das Gefühl, die Welt dreht sich nur um ihn. Was ja auch faktisch der Fall ist. Und das ist kein Scherz. Wie so oft ist der Mensch bitterlich enttäuscht, wenn er feststellt, dass sich die Dinge nicht mehr um ihn herumdrehen. Damit ist nun endgültig Schluss. Es gibt keine Enttäuschungen mehr darüber, dass man nicht mehr im Mittelpunkt des Geschehens steht, denn nun ist man tatsächlich selbst der Mittelpunkt allen Geschehens. Das muss dann wohl an der Radnabe liegen, die dafür sorgt, nie die Mitte seiner eigenen Existenz zu verlassen. Ganz gleich, was auch geschehen mag, ganz gleich, wem man auch begegnet, stets steht der Homo Nonsensolus im Mittelpunkt. Alle Kopfunten-Lebewesen haben endlich das verbriefte Naturrecht der Mittelpunkt der Welt zu sein. Ist das nicht toll? Und alle müssen sich zwangsläufig damit abfinden und müssen sich ob dieser Tatsache miteinander arrangieren. Jeder darf sein, wie er ist, dank der neuen Kopfaufrumfalschperspektive. Wir können endlich rollen, wohin wir wollen, ab nach links, oder nach rechts, nach vorne oder gar rückwärts, stets dreht sich alles um den Rollkopf. Das Beste daran ist nämlich, dass wir uns allesamt nicht mehr auf die Nerven gehen mit unserer Geltungssucht. Denn diese ist ja jetzt bei allen Menschen vollends befriedigt. Alles Menschen rollen so vor sich hin und genießen ihr individuelles Drehmoment. Das ganze Leben wird für jedes einzelne Individuum zu einem einzigen Rolling Stone. Wir rollen allesamt nur noch aneinander vorbei und kümmern uns nunmehr nicht mehr um andere, sondern nur noch um uns selbst. Denn wenn wir nur noch mit dem Durch Die Gegend Rollen beschäftigt sind, dann machen wir auch keinen Unsinn mehr wie zum Beispiel andere Leute mit unseren Problemen zu belästigen. Neueste Kopfdrehzahlmessungen haben nämlich ergeben, je höher die Drehfrequenz ist, desto wirrer erscheint dem Menschen die Welt. Das hat eine hohe Tragweite für das friedliche Miteinander zur Folge, weil jeder Rollkopf in der Hauptsache hochkonzentriert damit befasst ist richtig zu navigieren, um nicht über andere Dinge nachzudenken zu müssen außer darüber, den freien Fall seiner Existenz irgendwie schadlos zu überstehen. Es tut so gut zu wissen, dass jeder sich nur noch um sich selbst dreht. Ach, ja, das Leben kann so unsinnig sein. Es lebe der, die, das Nonsensolus! Hurra!

Und wie geht es weiter? Drehen Sie ruhig einmal eine Runde um sich selbst. Sie werden sehen, welch unsinnige, aber auch gescheite Eigenarten sich dabei um Sie herumdrehen. Ich hoffe nur, Sie drehen dabei nicht durch...

*

## Adeus[4]

Good bye my love
Ich sag' good bye
Ein schöner Traum
geht nun vorbei

Zum Hahnentor
Folgt' ich dem Ruf
An dem ich leicht
Mein Herz verlor

---

[4] Anlässlich der Rückkehr von Portugal nach Deutschland nach sechs Jahren Auswanderschaft.

Wir suchten in
Gemeinsamkeit
Der Heimat fern
Nach frischem Geist

Die Liebelei
Auf português
Uns hoch versprach
Ein Lebensfest

Der Sonne Tanz
War wild und frei
Des Lebens Lust
War auch dabei

Wir lernten schnell
Wie's Leben geht
Und wie der Wind
Sich locker dreht

Wir bauten auf
In weiter Ferne
Frohen Mutes
Uns ein Haus

Uns schien das Glück
Recht beizusteh'n
Der Neubeginn
Sollt' nie vergeh'n

Iberia
Dein wärmend Strahl
Gab Zuversicht
Für's ganze Jahr

Romantik in
Atlantik-Style
Erfasste uns
Und machte high

Doch in der Hitze
Des Gefechts
Der Sinn manchmal
Nach and'rem lechzt

Des Südens Charme
Schlich sich heran
Die Zweisamkeit
Mir weg nun nahm

Da stand ich nun
In fremdem Land
Und wußte nicht
Was sollt' ich tun

Ich hab's probiert
Mit aller Kraft
Den Weg zu geh'n
Der einst gedacht

So weckte ich
Den Lebensmut
Zu finden neu
Ein Lebenssinn

Doch fiel es schwer
Auf mich gestellt
Alleine Sein
Gab nicht viel her

Sonne, Freiheit
Zeit am Stück
Ersetzten nicht
Das Liebeglück

Ich wusste nicht
Worauf noch bau'n
Mir war's danach
Nur abzuhau'n

Jetzt nun also
Ruft der Abschied
Mach' es gut
Galatertor

Und wenn der Hahn
Im Neuland kräht
Denk' ich daran
Was mir bald fehlt

*

## Was fehlt

Seit du fort bist fehlt mir was
Ein Kuss, der morgendlich belebt
Das Lächeln, welch den Tag erhebt
Der Blick, der sagt: ich liebe dich

Worte, die Vertrauen schaffen
Ohren, füreinander offen
Hände, die sich lieblich halten
Umarmung für Beständigkeit

Gemeinsamkeit im Herzrhythmus
Träumerei'n mit Flügelschwung
Wege, die zu zweit geebnet
Ziele, die wir heiß begehren

Im Alltag walten kunterbunt
Das Kindertummeln rundherum
Die Blödeleien ohne Sinn
Versöhnung nach 'nem doofen Streit

Ohne dich, da fehlt mir was
Es ist viel mehr als dies und das
Mir fehlt die ganze Lebensart
Mit dir hier in der Gegenwart

*

## Zeitlos

Was gestern war
Das zählt nicht mehr
Denn heute träumte ich von dir
Morgen wärest du bei mir
Doch ist ja morgen leider
Übermorgen auch schon gestern
Also scheint das auch vorbei

Und so denke ich viel weiter
Auf des Lebens Zeitenleiter
Übermorgen sind wir Wir
Weiß ich längst im Jetzt und Hier
Der Liebe ist das piep egal
Denn das Leben läuft nicht rückwärts
Weilt es auch im Gestern nicht

*

## Der fliegende Sombrero

Schwupp…, da entgleitet er aus schwungprächtiger Hand in die Gefilde der Lüfte. Ach ja, man schaue ihm nach, glatt nach Hause – so meint man –, fliegt das Sonnenschutzgehüt als Schutzpatron des dichtenden Volkes gen Süden, wo die Funken noch sprühen, wenn Synapsen sich zum gedankenschweren Stelldichein in aller Leichtigkeit versammeln. Wohin auch sonst? Weit ab vom Gedonner der Versenpracht, hin zu den verführenden Lustgärten. Dort, wo alles Leben pulsiert und nicht danach fragt, ob etwas richtig ist oder falsch. Obacht! Denn hier verrauschen die Gedanken ins Geleit der Unbedachtheit. Niemals mehr will das freie Gedankengut hinabtauchen in den Sumpf der Niedertracht. Gebrechlich darbend, krampfhaft liegend auf den Nöten der Selbstverzweiflung. Haben es die Spatzen nicht seit Jahrtausenden von den Dächern gepfiffen? Immer dasselbe Lied von Leid in der Fernsicht, in dem passiert, was angekündigt und niemand je zu verhindern wusste. Doch wohin mit all den ungedachten Gefühlen? Wohin? Wohin? Nach Mexiko? Na, hau‵ doch endlich ab! Sang der Barde und begab sich auf die Wanderschaft auf die Spuren nach Nirgendwo. Dabei begleitete ihn der Wind und verfolgte ihn wie das Küken die Entenmutter. Watschel, watschel, watschel. Immer hinterher und in Reih und Glied – Marsch, Marsch! Wir finden den Weg schon hinaus aus den friedfertigen Zeiten hinein ins gestürzte Chaos voller Heldengesänge und blutroten Wannen in weinenden Bädern, in welchen die Verfallenen reingewaschen und präpariert für den Schöpfer geglättet und gebügelt voller reinkarnierter Wünsche der Überlebenden wie ein Postbote auf die endlose Reise geschickt werden, um ein bisschen, aber wirklich nur ein bisschen, ein klitzekleines Fitzelchen Frieden mit wehenden Fahnen johlend zu überbringen. An wen? Ach, an den Geist in der Unterhose, der soeben frisch gebadet und in einen Bademantel gehüllt und in Badelatschen lustlos zur Türe schreitet, um nachzusehen, welcher Hirni ihn, den Schöpfer aller Spinnereien zwischen Himmel und Hölle, von seinem nach schwer getaner Arbeit wohlverdienten Bade es zu stören wage. Ach was! Niemand träumt einen Träum so schnell von dannen, wie die Zuckergusswatte sich im Windensog verdreht und Ausschau nach einem Lutscher hält, um am Ende der Fahnenstange rufen zu können, eines der wichtigsten Tätigkeiten der Welt verrichtet zu haben, nämlich, links herum und rechts geradeaus den Weg versüßt zu weisen für die tosende Horde Schweine im Weltall. Denn ohne ihre in weißte Zuckerpracht gehüllten Rettungsallüren trieben diese armen Geschöpfe sonst noch bis zum Sankt-Nimmerleins-Tag irgendwann ziellos als verdorrte Schinkenkeulen bis an den Rand des Universums, ohne je einen einzigen vernünftigen Gedanken in der Welt vernommen zu haben, was ihrer Daseinsberechtigung einen schwindelerregenden Sinn zu verleihen vermöge, ginge doch alles bloß mit woken Dingen zu, wie so mancher mit Kind und Kegel gerne ins Reine geschrieben hätte. Ach, wären doch nur alle Hefte so reinweiß und blütenduftend wie die ersten Hefte aller Generationen. Wie schön wäre es, die ganze Geschichte noch einmal auf das Neue zu schreiben, vielleicht besser, vielleicht aber auch schlechter, vielleicht am Ende aber auch wieder genauso wie es tatsächlich gelaufen mit der Entstehung und dem Fortgang und der Zukunft der Lebewesen auf dem einsamen blau-weißen Erdball, der seit einer gefühlten Ewigkeit um den glühenden Feuerball in der Mitte kreist und sich selbst ständig die naiv-kindliche Frage stellt: Wann sind wir denn da? Die Sonne selbst weiß auf eine solch unsinnige Frage auch keine exakte Antwort. Aber wer weiß das auch alles schon so genau? Niemand war dabei, wie alles begann, niemand wird je dabei sein, wie es lange nach Heute sein wird, und alle sind wir nun im Hier und Jetzt gefangen und suchen nach Ausgängen in die Vergangenheit und in die Zukunft. Doch die Türen sind geschlossen. Komm, komm, jetzt tischt der Autor aber ganz schön auf, werden Sie, geneigte Leserin und Leser, jetzt zurecht kommentieren. Es ist, strenggenommen, auch nicht ganz so einfach, eine gescheite Antwort auf das Sinnhafte des Lebens zu geben, zumal man ja noch nicht mal ansatzweise auch nur ein kleines Fädchen Sinn auf all den Wegen, die wir bislang allesamt miteinander gegangen sind, gefunden haben, geschweige denn das Leben selbst. Wir stecken ja mittendrinne, im Leben. Wie soll man da den Blick von außen erhalten und dadurch einen Anhaltpunkt darüber bekommen, wo wir eigentlich allesamt stehen, oder besser gesagt: drinstecken. Also in der dampfenden Scheiße und so. Oder? Etwa nicht? Oder wissen wir im Grunde, dass wir gar nicht so verloren dastehen, wie es uns die Mediengurus täglich vorgaukeln wollen? Also, was nun? Gold oder Hirse? Wahrscheinlich beides und die Alchemisten und Alchemistinnen aller Menschheitsepochen haben verzweifelt versucht beides irgendwie miteinander so zu kombinieren, dass wenigsten einigermaßen passable Bedingungen für ein sinnvolles Leben dabei herauskommen. Allesamt sind sie auf dem Scheiterhaufen verbrannt. Elend. Und ungerecht. Dabei haben Sie nur das Beste gewollt. Und ihr Bestes gegeben, nämlich, ihr Leben. Ätzend, wie manche Menschen meinen, sich als Richter über andere aufzuspielen und haben dabei im Leben selbst noch nichts Produktives geschaffen, um die Welt in ihrer positiven Entwicklung weder spirituell, kulturell noch materiell weiterzubringen. Aber ihre Macht hat die Welt aus den Angeln gehoben und Herkules auf die Schultern gehievt. Der Arme hatte die ganze Last allein zu tragen, die die Halunken in Roben und sonstigen machtträchtigen Symbolen geschaffen haben, ohne je in Rechenschaft dafür gegangen sein zu müssen. Herkules strauchelt seitdem und so singen die Barden von Hoffnung und Liebe bis in die heutige Zeit, um alles wieder ins Lot zu bringen. Doch einige der Mächtigen scheinen sich die Ohren einfach nicht waschen zu wollen und bleiben ganz im neolithischen Verhaltensgut stecken. Diese Heringe stecken tief in der Erde und lassen sie bluten. Aber seit neustem kommt aus den Tiefsten des Universums eine Spezies um die Ecke, die uns verlorenen Geschöpfen Bewusstsein für uns selbst geben wollen: Die Hippies 2.0. Sie bringen die Idee mit, dass wir uns doch gerne allesamt selbst und unseren Planeten zerstören sollten, damit das Gleichgewischt des Guten im Universum wieder hergestellt wird. Daher bringen sie uns auch gleich die Werkzeuge dafür mit, um unseren Untergang etwas zu beschleunigen wie Klimakrisen, Kriege und Neoliberalismus samt seinen Gaben der Ausbeutung. Ist das nicht nett von den Hippies 2.0? Absolut. Wozu sollen wir Menschen im Grunde auch gut sein? Für den Mars? Der wird dann gleich mal zur Erde II terraformt, damit wir noch einen Planeten verheizen können. Prima. Und alle rufen inzwischen wieder mal gedankenlos Hipp hipp hurra und werfen ihre Hüte in die Luft, die in der Zwischenzeit immer mehr im zeitlosen Nichts dahintreiben. Die Gehirne der

Hutträger derweil vertrocknen ohne ihren Hut, dem letzten Zeichen der Zivilisation. Ich nehme meinen und gehe. Vielleicht nach Mexiko. Dahin wäre meine Ex-Frau nämlich mit mir gegangen, wenn sie in mir nicht so einen leidlichen Partner gesehen hätte und sich trotz heiligen Schwurs der Ehe mit mir nach 20 Jahren für einen anderen Mann entschieden hätte, dann, aber auch nur dann, wäre sie mit mir nach Mexiko gegangen. Ich weiß zwar überhaupt nicht, was ich in Mexiko sollte, aber heute lebt sie mit ihrem neuen Macker in Paraguay. Naja, das liegt ja immerhin kontinental fast nachbarschaftlich nebeneinander, Mexiko und Paraguay. Wenn man jemanden wirklich nachhaltig verletzen will, dem verspreche man Mexiko und gehe mit einem andern nach Paraguay. Immer der Nase nach, heißt es auf der Suche nach dem Sinn des Lebens. Da das Leben Bewegung ist, geht es andauernd in eine andere Richtung, denn die Nase bleibt zwar stets am selben Ort, zeigt aber ständig in eine andere Richtung. Wie soll man sich den so orientieren? Beständig zu bleiben ist in diesem Sinne wie die Kunst der Quadratur des Kreises. Aber was soll*s. Wir satteln die Sorgen, geben ihnen die Sporen und peitschen sie in Richtung Sonne, die wir mit all unseren leidlichen Erfahrungen in der Wüste Arizonas putzen können. Wer weiß aus welchem Blech die verbrannten Sorgen geschmiedet sind, wenn wir wieder zurückkommen und Lösungsmittel auf die Blechsorgen schütten, nur um voller Stolz behaupten zu können, dass ich den größeren Becher Lösungsmittel für meine Sorgen habe als du. Wenn ich sonst keine Sorgen habe, dann geht es mir gut. Und Ihnen? Wen interessiert es denn schon, ob in China ein Sack Reis umfällt oder ob eine Blondine sich die Haare blond färben möchte, solange ich keine Perle unter meiner Matratze spüre, schlafe ich gut. Erst wenn die Perle meint, sie müsste mich ins Wunderland entführen, dann könnte es sein, dass ich etwas garstig werden könnte. Weil, wer will schon aufwachen und sich in einem Land wiederfinden, in dem Milch und Honig fließen, und zwar so viel, dass ich eimerweise Milch bräuchte, um den Honig nach einem ausgiebigen Honigbad wieder von meinem Körper abzubekommen? Niemand, oder? Wenn dann auch noch ein Frosch mit seinen Glubschaugen meint, wer müsse mir etwas von einer Prinzessin im Spiegel erzählen, dann wäre es besser gewesen, ich hätte bei den hohen Eintrittspreisen, die das Betreten eines solchen Traumlandes mittlerweile dank Inflation kosten, auch gleich eine Fliegenklatsche mit an die Hand bekommen, um die Fliege, die auf dem Spiegel auf der Nase der Prinzessin sitzt, zu erschlagen. Zack, gesagt, getan, auch ohne Fliegenklatsche, denn ich selbst habe einen an der Klatsche und bin daher sehr gut als Fliegenfänger anzustellen. Also, wenn jemand mal einen Fliegenfänger mit Klatsche braucht, ihr wisst ja wo ihr mich findet. Wenn ich nicht gerade auf dem Mond auffindbar sein sollte, dann bin ich für ein paar Tage zum Jupiter unterwegs, um Fred zu besuchen. Wie? Ihr kennt Fred vom Jupiter nicht? Aber, aber, meine Damen, wer wird denn traurig sein? Fred ist mit einem Feuerstein direkt auf den Mond geplumpst und der Aufprall war so heftig, dass er doch glatt durch den Rückschlag zur Erde geschleudert wurde und seit dieser Zeit den Sternentanz „Astaire" als Musical in aller Welt aufführt. Nichtsdestotrotz lasse ich auch gerne mal ein paar Untertassen fliegen, einfach so, weil ich es kann. Mein Schrank war voll mit Untertassen. Und da ich zu viele davon hatte, nahm ich ein paar davon und warf sie in die Luft, wie

Frisbeescheiben flogen sie umher und machten sich zu meinem Erstaunen selbstständig wie Drohnen. Sie schwirrten um meinen Kopf herum, wie Motten das Licht in der Nacht anschwärmen. Also gut, dachte ich mir, dann verwandle ich mich eben auch in eine Motte und fliege einfach mit den Drohnen im Kreis, so lange bis es den untertassenden Drohnen alias Motten keinen Spaß mehr macht. Für solche Fälle habe ich stets einen Zettel auf dem Tisch liegen, auf dem geschrieben steht, doch bitte in meinem Kopf das Licht auszuknipsen, falls ich von einem Schwarm insektenähnlichen Geflügel ins Himmelreich hinfort getragen werden sollte. Es findet zwar niemand den Zettel, weil ich alleine wohne, aber man weiß ja nie, ob irgendwann einmal jemand vorbeikommt und das zufällig liest. Dann wäre ich wirklich gerettet. Aber so muss ich nun bis zum Morgengrauen warten, bis sich der Schwarm von meinem Kopf löst und ich endlich wieder in Ruhe meine Untertassen fliegen lassen kann, ohne von irgendwelchen guten Geistern verlassen zu sein. Es ist ja nicht so, dass ich nicht genug Geister in meinem Brain vereinen könnte. Nein, nein, es sind unzählige. Allesamt auf der Suche nach ihrer Bestimmung. Da gibt es Mathematikgeister, Musikgeister, Angebergeister, Labergeister, Schwätzbacken oder auch Tortellinigeister, ja, Sie haben richtig gehört, Tortellinigeister, das sind die, die einem so lange auf den Geist gehen, bis man anstatt Spaghettieis Tortellinieis beim Italienischen Eisdiele bestellt und der Italiener hinter der Theke nur noch auf den roten Knopf unter der Theke drückt und ich zum unzählig wiederholten Male von den Jungs mit der weißen Zwangsjacke zwecks Besuch bei Doktor Pasta, ja, in echt, der heißt tatsächlich Doktor Pasta, abgeholt wurde – natürlich nicht ohne vorher mein Tortellinieis bestellt zu haben und genüsslich auf dem Weg in die Klinik zum Gelächter meiner Aufpasser verspeise. Wobei ich glaube, dass die eher neidisch auf mein Eis sind und deshalb verschämt lachen. Ich habe sie nämlich tuscheln gehört, wie einer zum anderen sagte, dass er gerne mal an meinem Tortellinieis lutschen würde. Vielleicht, wenn es diese Eissorte nicht bei einer europäischen Eisdiele gibt, dann vielleicht in einer Mexikanischen? Also doch, ab nach Mexiko! Aber halt! Was, wenn es dort auch kein Tortellinieis gibt? Macht nichts. Hauptsache es gibt genügend Sonne, um sich zumindest ein Tortellinieis vorzustellen. Na gut, wenn es eben nicht Mexiko sein soll, weil es zu weit weg ist oder zu ungewiss das Ergebnis zu erwarten ist, dann tuts auch irgendeine kulturelle Aneignung und ich verkleide mich zu Halloween einfach als Sombrero und lasse mich von einem echten Mexikaner in hohe Lüfte werfen, um von dort aus einfach davon zu träumen alles Mögliche oder Unmögliche weiter zu träumen bis zum never ending Dreamingday im Wunderland. Das ist so, als würde man fragen: Warum spielen wir, wenn wir nicht lachen können? Warum lachen wir, wenn wir nicht spielen dürfen? Warum muss unser Spiel immer Ernst sein, anstatt in Leichtigkeit gelebt? Ganz gleich, welchen Unsinn man auch verzapfen möge, das ist überhaupt nicht maßgelblich, denn das Einzige, was zählt ist: Wer nicht träumt, hat's Leben versäumt!

*

## Rezept für das Leben

Ist dir eigentlich jemals der Spruch von irgendjemandem über den Weg gelaufen, dass es keine Rezepte für das Leben gebe? Oder hat dir jemals jemand den Floh ins Ohr gesetzt, dass es keine Patentrezepte für Probleme gebe? Wenn nicht, dann hast du Glück gehabt. Und wenn doch, dann hast du auch Glück gehabt. Im ersten Fall kennst du zwar den Spruch nicht, aber wie oft hast du sicherlich schon zu hören bekommen, dass dies oder jenes, was du so vorhast, nicht klappt, oder man hat dich belächelt wegen deiner Flausen im Kopf. Und wenn du den Spruch bereits kennst, dann gehörst du zu den Unglücklichen, die eine alte Klamotte gelehrt gekommen haben, die bei näherer Betrachtung in keinem Fall Sinn macht, weil es immer für alles irgendeinen Weg gibt, um seine Träume umzusetzen oder seine "Flausen" zu leben.

Mittlerweile hat die Neurowissenschaft vor über 30 Jahren festgestellt, dass das Gehirn eine Plastizitätseigenschaft besitzt, die jeden Menschen dazu befähigt, alles lernen zu können, was er im Rahmen seiner Kompetenzmöglichkeiten lernen möchte. Das Gehirn ist somit in der Lage, alle erlernten Muster umzuschreiben, alle veralteten Denkstrukturen durch neues Denken zu überschreiben und somit auch neues Handeln einzuleiten. Das Zauberwort heißt hierbei: Neuronale Vernetzung. Das heißt, die gesamten bestehenden Nervenzellen und die Verknüpfung dieser Nervenzellen durch die Nervenbahnen lassen sich allesamt durch den Willen, Neues hinzuzulernen, jederzeit völlig neu organisieren. Wenn du also immer wieder auf bestimmte Reizworte aus deiner Umgebung „gereizt" reagierst, dann kannst du einfach lernen, auf diese Reizworte „gelassen" zu reagieren. Der ganze Vorgang, etwas Neues zu erlernen, ist noch nicht einmal Hexenwerk, sondern einfaches Anwenden und Einüben neuer Gedanken, Sichtweisen und Handlungsweisen. Großartig, nicht wahr?

Ich behaupte mal, dass die beste Lösung immer noch der Weg des konstruktiven Tuns und Ausprobierens ist („learning by doing", „Nachahmungslernen" oder „Modelllernen"). Die Gestalt- und Verhaltenspsychologie sowie die Lösungsorientierten Beratungen und Konstruktivisten wissen das bereits: Jeder Mensch ist der Gestalter seiner eigenen Wirklichkeit, welche in der Realität zum Ausdruck gelangt. Und Veränderungen im Leben entstehen nicht allein aus dem Leid heraus, sondern vor allem intrinsisch, also von innen heraus, und somit auch aus der Erkenntnis heraus, dass der Mensch selbst etwas will, ganz gleich welcher Beweggrund (z. B. Leid oder Interesse) dahintersteckt. Die Motivation spielt hierbei keine zentrale Rolle! Nur der Wille, etwas tun zu wollen, zählt auf dem Weg, um Veränderungen einzuleiten, umzusetzen und nachhaltig zu stabilisieren.

Ein Beispiel: Sicherlich wolltest du schon immer mal deine Angst vor Spinnen loswerden! Du willst deine Ehe retten? Oder du hattest schon immer mal vor, mehr Mut für den Einsatz einer für dich ganz wichtigen Sache zu entwickeln! Oder aber du möchtest deine Prüfungsangst loswerden! Oder du willst dich besser konzentrieren können! Oder aber du möchtest mehr Kreativität für dein Herzensprojekt haben! Oder, oder, und! Themen, etwas verändern zu wollen, gibt es Unzählige – und du weißt am besten was für dich am besten ist. Und wenn du mal nicht weißt, wie man etwas angehen soll, um es zu erreichen, dann sage ich dir: Einfach mal beginnen. Und hier gibt es die rezepthafte Anleitung dazu, welche exemplarisch für alle anderen Themen, die dich bewegen, anwendbar ist:

Thema:

„Wahrnehmungslenkung"

Beschreibung:

Unsere Wahrnehmung ist dafür verantwortlich, was wir denken und wie wir handeln. Je nachdem wohin du deine Wahrnehmung ausrichtest, wirst du dich mit diesem Thema befassen. Ob das so stimmt, das soll dir einmal in diesem „Rezept" veranschaulicht werden.

Zutaten:

- ■ Ein paar Minuten Zeit.
- ■ Eine einigermaßen ruhige Stelle.
- ■ Offenheit für die schrittweise Vorgehensweise.
- ■ Konzentration auf die Aufgabe.

Zubereitung:

1. Schritt: Sorge für einen ruhigen Moment (z.B. suche dir einen Ort, an dem du dich wohlfühlst)
2. Schritt: Halte kurz inne und atme ein paar Atemzüge bewusst ein und aus und entspanne dich dabei.

3. Schritt: Denke im Moment einmal nicht an einen Elefanten!
4. Schritt: Ist es Dir gelungen, nicht an einen Elefanten zu denken? Woran hast du bei Schritt 3 gedacht?
5. Was hat der gedankliche Elefant in dir ausgelöst?

Ergebnis:

a) Du hast bei der Frage in Schritt 3 an einen Elefanten denken müssen, obwohl du das nicht solltest.
b) Dir ist aufgefallen, dass es dir unmöglich gewesen ist, nicht an einen Elefanten zu denken.
c) Deine Wahrnehmung richtete sich auf den Elefanten und dieser gedankliche Elefant hat in dir etwas ausgelöst (z.B. Erstaunen, Urlaubswunsch in Indien, etc.).

Fazit:

- ■ Deine Wahrnehmung ist beeinflussbar.
- ■ Du kannst Deine eigene Wahrnehmung steuern.
- ■ Du kannst Deine Wahrnehmung auf das ausrichten, was du willst.
- ■ Du kannst die Steuerung deiner Wahrnehmung, die durch andere Menschen beeinflusst werden will, durch die Selbststeuerung ersetzen.

Wie du hier anhand dieser einfachen Vorgehensweise feststellen konntest, ist es möglich, seine eigenen Wahrnehmungen und somit sich selbst und sein eigenes Handeln bewusst zu steuern: Denke einfach an den veränderten Wunschzustand und alles wird sich in dir mehr oder weniger intensiv in Bewegung setzen, damit dieser Zustand auch erreicht wird – sofern du es natürlich selbst willst und durch Selbstsabotage nicht dagegen opponierst. Durch selbstgesteuerte Gedanken ist es nämlich in der Tat möglich, eigene Veränderungen einzuleiten, durchzuführen und nachhaltig zu gestalten.

Ist nur so eine Idee und kann nach Belieben selbst ausgefeilt werden.

Trotzdem: Alles Gute bei der Selbstoptimierung!

*

## Wunschtraum

Der späte Abend
Ja, der hält
Für's Nächtle
Allerlei bereit
Was meist gefällt
Für Dinge schön
Die geh'n zu zweit

Doch leg' ich mich
Schon lang allein
Ins leere Bett
Nicht vorgewärmt
Doch ganz kokett
Mit holdem Wunsch
Dir nah zu sein

Ins Träumeland
Nehm' ich nun mit
Gedanken
Die an dich gericht`
Und Wünsche
Die sich um uns ranken
Hier in dem Gedicht

Und wenn ich träume
Nur von dir
Als wärest du
Ganz hier bei mir
Oh, welche Pracht
Verträumt sag' ich nun
Gute Nacht

## Ausgedichtet

Dem Dichterling fällt nichts mehr ein
Kein Wort und kein gescheiter Reim
Drum lässt er's Dichten nunmehr sein
Bevor er verst nur Einerlei

Es scheint, als sei alles gesagt
Was ihn bewegte und geplagt
Auch was erfreute und behagt
Die Reimkunst ist wie abgegrast

Der schöne Geist sagt heute tschüss
Der holden Kunst sagt er good bye
Das Wortenspiel ist jetzt vorbei
Der Abschied wieget bitter-süß

Weiter geht's zu neuem Ufer
Musizier'n mit Sub und Woofer
Die Suche nach dem Sinn im Klang
Drückt sich aus mit Sing und Sang

Erwacht ein Lied in neuen Dingen
Wird Erkenntnis neu mir bringen
Auch das Träumen wird erschwingen
Nicht im Wort, sondern im Tingeln

*

## Saft der Klarheit

Und damit wir alle nicht ganz geknickt aus dem Büchlein herausgehen, gibt es hier zu guter Letzt ein den Körper und Geist belebendes Rezept, welches meine mir ehemals anvertraute Frau und ich für den besonderen Glücksmoment ersonnen haben:

Zutaten:

1 Smoothiemixer
1 kleines Stück Ingwer
1 Zitrone
1 Grapefruit
1 ganze Ananas
1 Glas frisch gepressten Apfelsaft
1 Glas frisch gepresste Orange
1 Teelöffel Kurkuma
1 ½ Teelöffel Kokosfett
5 Blätter frische Pfefferminze
1 Sieb und eine siebgroße Schüssel

Zubereitung:

1. Die Gläser Apfelsaft und Orangensaft in den Smoothiemixer einfüllen.
2. Das kleine Stück Ingwer gewaschen, aber ungeschält dazu geben.
3. Die Zitrone schälen und im Ganzen in den Behälter reinlegen.
4. Die Grapefruit halbieren und die eine Hälfte geschält beifügen.
5. Von der ganzen Ananas eine Scheibe abschneiden, diese schälen und in vier Teilen beigeben.

6. Den Teelöffel Kurkuma einfüllen.
7. Die fünf Pfefferminzblätter dazu geben.
8. Das Kokosfett hinzugeben.
9. Das Ganze zwei Minuten im Mixer durchmixen.
10. Das Sieb auf die Schüssel legen und den Smoothie in das Sieb schütten.
11. Mit einem Esslöffel die Masse durchsieben und die Schlacke entsorgen.
12. Den reinen Saft in ein Glas einfüllen und genießen.

Wirkung:

Die Wirkung dieses gelben Smoothies ist aufgrund des bitteren, scharfen und süß-sauren Geschmacks sogleich nach dem Trinken erfahrbar. Zunächst spürt man körperlich das Herunterlaufen des Saftes in der Speiseröhre und das anschließende wohlige Verteilen im Magen. Der Saft liegt kurz danach sehr geschmeidig im Bauch. Das unmittelbar auftretende Gefühl von innerer Bauchwärme führt zu einem gesamtkörperlichen Entspannungsgefühl – ähnlich wie nach einer kalten Dusche nach einem Saunagang. Von nun an übernimmt die psychische Abteilung die Leitung der Wirkung. Innerhalb von einer Minute nach Einnahme des Saftes stellt sich ein Wachgefühl mit glasklaren Gedanken ein. Es ist, als übernimmt die euphorische Schaltzentrale des Gehirns nun die Zügel und speist die Gedanken mit einer Energie der Klarheit, so dass selbst belastende Gedanken nicht mehr mental erdrückend wirken, sondern sich die Lösung wie vor einem Spiegel glasklar präsentiert. Es fällt einem spielend leicht, die anstehenden Aufgaben zu bewerkstelligen und obendrein kommt noch eine besondere Wirkung der Entspannung hinzu, nämlich die, dass einem so schnell nichts in einen Zustand der Aufregung versetzen kann. Alles wirkt leicht, klar und geht einem spielend von der Hand. Diese Wirkung hält dann etwa einen ganzen Vormittag an. Und wer möchte, kann sich mit einem erneuten Smoothie in diesem Zustand vor allem um die Nachmittagszeit herum, in der man einen besonderen körperlich-mentalen Tiefpunkt erlebt. Wir können uns hierbei ersparen zu erwähnen, dass Menschen in ausgeglichenen Zuständen bewusster, selbstbestimmter und liebevoller leben. Mit einem klaren Kopf lebt es sich eben viel leichter!

Wohl bekomm's!

*

**Legende**

Alle Texte © 2024 by Ralf-Peter Nungäßer
alias Dichterling

Alle Bilder © 2024 by Ralf-Peter Nungäßer
alias Dichterling, außer:
Bild „Go!“: © 2023 by Sophie (Noah) Nungäßer

Alle Musiktitel auf
http://dichterling.com/ausgedichtet-medien/ © 2024
by Ralf-Peter Nungäßer
alias Dichterling

## Über den Autor

Ralf-Peter Nungäßer wurde 1964 als einziger Sohn der kaufmännischen Angestellten Annerose Nungäßer, geborene Döllefeld, und des Aufzugmonteurs Hans-Peter Nungäßer (✞) in Frankfurt am Main geboren. Nach der Lehre, Zivildienst, Abitur und den Studien der Mathematik, Sozialpädagogik, Erziehungswissenschaften und Philosophie begab er sich in die beruflichen Gesellenjahre als Pädagoge und befasste sich als Doktorand mit Kulturwissenschaften. Er ist leidenschaftlicher Familienmanager, Pädagoge und Autor von Fachbüchern, Bildungscurricula, Belletristik und Blog-Autor via Dichterling und NUNI-NEWS. Ein sechsjähriger Aufenthalt in der iberischen Sonne Portugals bereicherten seine Lebenserfahrungen. Er lebt geschieden mit zwei seiner fünf Kinder im pittoresken hessischen Sinntal und sucht dort weiter nach Sinn.